马基雅维利传

〔加拿大〕罗斯·金 著
刘学浩 霍伟桦 译 刘训练 审校

Machiavelli : Philosopher of Power

Ross King

译林出版社

图书在版编目（CIP）数据

马基雅维利传 /（加）金（King,R.）著；刘学浩，霍伟桦译.
—南京：译林出版社，2016.6
（星汉传记）
书名原文：Machiavelli ：Philosopher of Power
ISBN 978-7-5447-6374-5

Ⅰ.①马… Ⅱ.①金… ②刘… ③霍… Ⅲ.①马基雅维利，N.（1469～1527）－传记 Ⅳ.①K835.467=331

中国版本图书馆CIP数据核字（2016）第097072号

著作权合同登记号　图字：10-2013-101号

书　　名 马基雅维利传
作　　者 〔加拿大〕罗斯·金
译　　者 刘学浩　霍伟桦
责任编辑 陆元昶
特约编辑 苑浩泰
出版发行 凤凰出版传媒股份有限公司
译林出版社
出版社地址 南京市湖南路1号A楼，邮编：210009
电子信箱 yilin@yilin.com
出版社网址 http://www.yilin.com
印　　刷 三河市祥达印刷包装有限公司
开　　本 640×960毫米　1/16
印　　张 13.25
字　　数 113千字
版　　次 2016年6月第1版　2017年11月第2次印刷
书　　号 ISBN 978-7-5447-6374-5
定　　价 36.00元

献给克里斯托弗·辛克莱尔-史蒂文森

目　录

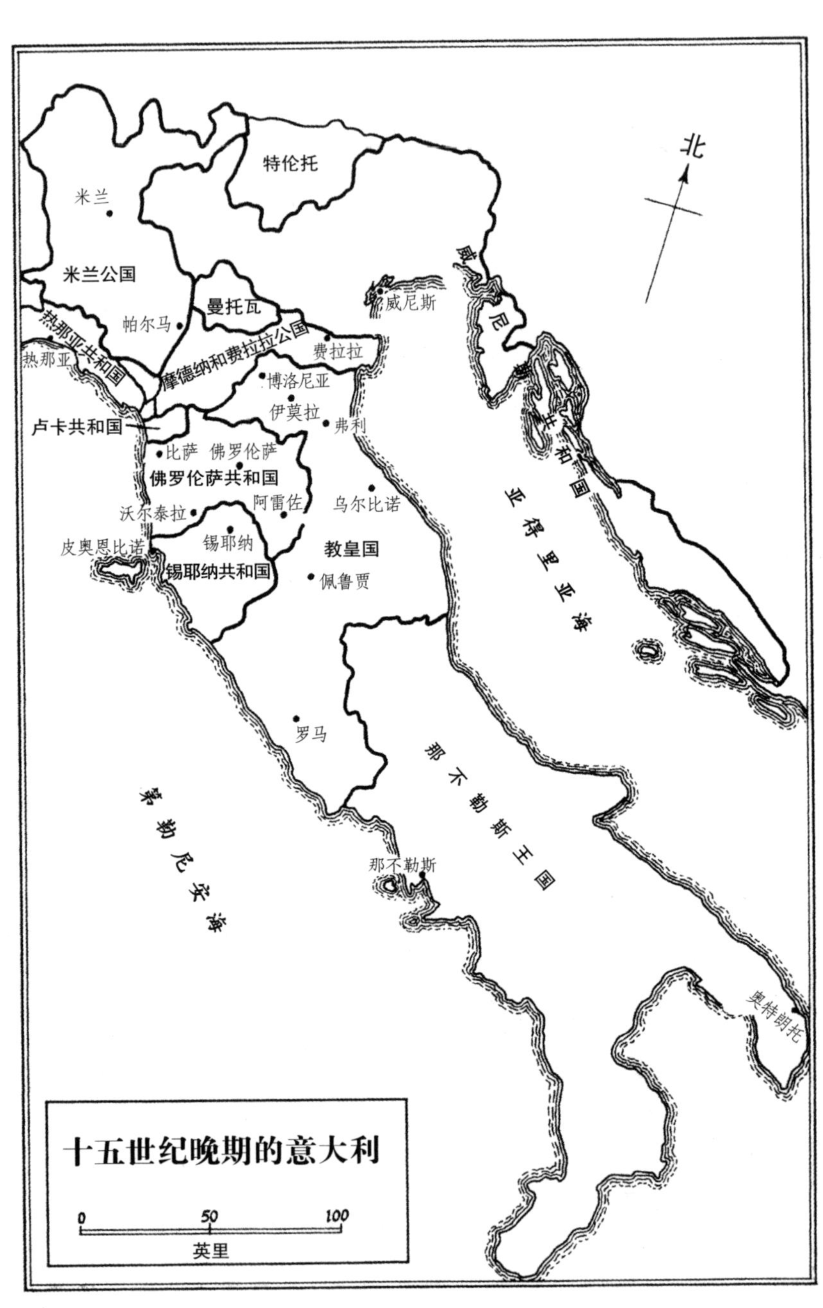

北
特伦托
米兰
米兰公国
曼托瓦
帕尔马
威尼斯
热那亚共和国
热那亚
摩德纳和费拉拉公国
费拉拉
博洛尼亚
伊莫拉
弗利
卢卡共和国
比萨
佛罗伦萨
佛罗伦萨共和国
沃尔泰拉
阿雷佐
乌尔比诺
皮奥恩比诺
锡耶纳
锡耶纳共和国
教皇国
佩鲁贾
罗马
威尼斯共和国
亚得里亚海
那不勒斯王国
那不勒斯
第勒尼安海
奥特朗托
0
50
100
英里

十五世纪晚期的意大利

第一章

1498 年夏天，佛罗伦萨阿诺河畔的洼地里出现了一种新异的昆虫。那是一大群通体金黄的毛毛虫，它们有着一张人样的面孔——双眼和鼻子清晰可见——脑袋上还有个金色的光晕和小十字符。很快，它们便被称作“吉罗拉摩修士毛虫”。

“吉罗拉摩修士”就是来自费拉拉① 的吉罗拉摩·萨佛纳罗拉，一位魅力非凡、双眸碧绿的多明我会修士。六年来他用狂热而又严厉的布道词控制着佛罗伦萨的精神和政治生活，但到了 1498 年，他控制这座城的魔咒终于被打破。1497 年夏天他被教皇亚历山大六世逐出教会，不到一年后，1498 年 5 月 23 日的上午，他被绞死在城市的主广场。据史官记载这是为了惩罚他“在佛罗伦萨挑起纷争和传播非纯天主教教义”[I]。他的尸体从绞刑架上取下即被焚化，随后人们从老桥② 上把骨灰丢进阿诺河，它们顺流而下来到那片洼地，几周之后毛虫们便在那里神秘出现了。

在 1498 年 5 月的佛罗伦萨，萨佛纳罗拉不是唯一一个被处死的，还有两个多明我会教士同他一起被绞死，而萨佛纳罗拉的其他支持者——他们被对手称为“痛哭派”——也遭受了同样悲惨的命运。修士最强大的政治盟友弗朗切斯科 · 瓦洛里被钩

① 意大利东北部城市。

② 阿诺河上一座石拱桥，修建于中世纪。

镰砍死，他的妻子被弩射死，其他大批“痛哭派”被罚款或被剥夺政治权利。几个来自圣马可修道院的修道士被流放，萨佛纳罗拉曾在那里做过院长，甚至连圣马可修道院里那个外号“痛哭”的钟都没能幸免：它从塔楼上被取下后，先是被公开“鞭笞”，然后被“逐出”佛罗伦萨。

政府高层也展开整肃，萨佛纳罗拉在佛罗伦萨执政团① 中的同情者被迅速清洗。负责处理外交事务的“自由与和平十人委员会”成员全部被免，负责刑事工作的“公安八人委员会”成员也是如此。同样丢掉职位的还有秘书厅的亚历山德罗·布拉奇，他被 29 岁的政坛新星尼可罗·马基雅维利取代。29 岁——初具被选举权的年纪——对一个如此重要的职位来说确实是太年轻了。在佛罗伦萨，大部分青年男子 24 岁之前都要听命于父亲，有些到了 28 岁才算成年。然而，马基雅维利强大的才智、无可挑剔的教育以及惊人的精力与雄心可以弥补他的年轻与缺乏经验。

1469 年 5 月 3 日，马基雅维利出生于佛罗伦萨，是贝尔纳多·马基雅维利和妻子巴尔托洛梅亚的长子。“我出身贫寒，”尼可罗后来写道，“很小的时候就晓得如何节衣缩食以致无法茁壮成长”。[II] 如同他写下的其他事情一样，这种说法多少有些言过其实。他的母亲应该是一个古老而显赫的家族的后裔，而他的

① 佛罗伦萨共和国以执政团（Signoria）为最高行政机构，执政团九名成员称为执政（Priori），以抽签的方式选举产生，任期两个月，期满后由另一届人员接任；执政团首领称为正义旗手（Gonfalonier of Justice/ gonfaloniere della giustizia）。1502 年，佛罗伦萨把正义旗手一职的任期从两个月延长到终身，并把它授予马基雅维利的政治恩主皮耶罗·索德里尼，直到 1512 年被重返佛罗伦萨的美第奇家族推翻。

父亲则来自一个富裕的家族，在佛罗伦萨南部绵延起伏、布满葡萄藤的山丘上世代拥有大片土地。但贝尔纳多·马基雅维利不算个富人倒也是真的。他曾在一份税务文件上相当诚实地说自己始终“没什么挣钱的工作”。[III]但他住在佛罗伦萨圣灵区的一所大房子里，靠近老桥；佛罗伦萨之外他还在佩尔库西纳的圣安德里亚村拥有一座农场，葡萄园、苹果园、橄榄树和牲畜一应俱全。此外，他在乡间还有一家小酒馆和一间肉铺。

贝尔纳多·马基雅维利曾受过法学训练，并从事法律事业，他成了一名律师，不很勤勉，业绩平平。不过，他在佛罗伦萨显然享有一流法学头脑的美誉。他与佛罗伦萨秘书长、著名学者巴尔托洛梅奥·斯卡拉成了朋友，这人在1483年的题为《关于法律与司法审判的对话》的论文中称自己为法学专家。但贝尔纳多对书的热爱才是他最显著的特点。由于接受过正规的教育，他谙熟拉丁文法，书法优美，娴于撰写遗嘱、为商业与婚姻契约出具证明。他对人类事务的思考远比此类文书工作之需更为广博与犀利。到十五世纪七十年代，他开始涉足古典文学，他能够旁征博引诸如柏拉图、查士丁尼、西塞罗和拉克坦提乌斯[①] 等作家的作品。斯卡拉的《对话》中对他的评价也许恰如其分。贝尔纳多会为他的私人图书馆不惜重金购置各种版本的李维和马克罗比乌斯[②] 等作家的著作，如果他买不起，就去圣十字女修道院图书馆之类的地方借来。他最珍贵的书籍之一是某个版本的李维《罗

① 拉克坦提乌斯（Lactantius，约240—约320），早期基督教拉丁教父，著有《神圣教规》《论迫害者之死》《上帝的愤怒》等。

② 马克罗比乌斯（Ambrosius Theodosius Macrobius，生卒年不详），法学家和哲学家。

马史》，这是他免费得来的。这是因为他之前为佛罗伦萨的出版商编写了该书的地名索引。在十一年后的1486年，他又为书做了皮革封面，为此他从乡下的酒馆拿了三瓶红葡萄酒给装订匠。

贝尔纳多对古典文学和历史的推崇在当时并不罕见。对古代世界文化强烈的执著使得佛罗伦萨处于新的智力活动与艺术活动——这便是后来广为人知的“人文主义”——的前沿，这些活动把智力活动的重点从神学转移到更世俗的研究，这曾经是古典文学的基石。1375年到1406年之间的佛罗伦萨秘书厅秘书长，是个叫作科卢乔·萨卢塔蒂的学者，强调能给现代道德和政治生活提供重要的教益的是古典文本而非《圣经》。他和他的追随者们也亲身实践这些文本，实际上把它们当作是写满日常文明与道德生活智慧的操作手册。他们相信，比起其他作品，古希腊人和古罗马人的作品可以提供教育儿童、发表演说、成为好公民或治理国家的最佳方式——这些行动与追求会使一个人（及一个社会）幸福和繁荣。

人文主义者们为十五世纪的欧洲提供了一种新的方式来看待世界和人在世界中的位置。他们从很多地方汲取灵感，其中之一便是古希腊哲学家普罗泰戈拉的名言“人是万物的尺度”。对中世纪的基督徒而言，政府、法律和社会道德规范都是上帝规定好的，但十五世纪的人文主义者，就像古希腊人和罗马人一样，认为这些社会制度是人造的，因此值得研究并可以改变它们。虽然许多人文主义者是虔诚的基督徒，但他们对人类事务而不是超越性价值更感兴趣。关键在于，他们强调用古典的而不是基督教的视角看待人的本性：人并非被原罪败坏而需要上帝恩典的拯救，人是自由的、有创造性的、自主的，兼具高级的理性与基本的激情。

贝尔纳多应该早就下定决心，不管付出多大代价，都要让他的儿子从佛罗伦萨繁盛的人文主义文化中得到滋养。7 岁生日后的第四天，尼可罗就开始跟随当地一位被称为马泰奥先生的教师学习基础拉丁文。这位教师在一所靠近圣三一桥的房子授课，离马基雅维利家很近。接下来的几年间，尼可罗在一位更加有名的老师保罗 · 达 · 龙奇廖内指导下学习了算术和拉丁文写作。作为一个颇有声望的教师，保罗也是伟大的人文主义学者克里斯托弗罗 · 兰迪诺的朋友和同事。兰迪诺在 1481 年发表的关于但丁的评论深深地打动了佛罗伦萨的“城市之父们”——就如彼时的诗人、学者受到人们敬重的那样——他获赠一座城堡。

马基雅维利那时似乎已经来到兰迪诺教授诗歌和演讲的佛罗伦萨学堂进修。这座大学成立于 1348 年，1473 年迁至比萨。我们对马基雅维利的读书岁月基本一无所知，但似乎可以肯定地说，他在学堂活跃的学术气氛中取得了进步。马基雅维利是一个迷人的伙伴。他可能不是那种样貌上讨人喜欢的人，体态修长，有着薄嘴唇、小下巴、塌脸颊和黑发平头。不过他思维敏捷、幽默风趣，掩盖了那苦行僧般的容貌；他大部分肖像——尽管都在身后绘成——往往会特别突出嘴角泛起的那一丝颇具讽刺意味的微笑。虽然他是古典作品的忠实读者，却也执迷于不那么高雅的消遣，如赌博和召妓。一个朋友称他“魅力超群、谈笑风生”，而另一位则表示他的段子和俏皮话简直让每个人都“笑破肚皮”。他开始以“马讥雅”知名，这个词和“污蔑”一词构成双关，指他的毒舌和玩世不恭给他人带来的不快。[①]

通过教授人文主义的核心科目，如修辞学、文法、诗歌、历史和道德哲学，这所学堂为马基雅维利打下了坚实的人文主义基础。有篇文本他似乎研究得特别用心，那是古罗马哲学家卢克莱修的《物性论》，他亲手抄写了这篇七千四百行的长诗，这个抄写本的唯一手稿于 1417 年被重新发现并带回佛罗伦萨。年少的马基雅维利一定是被卢克莱修的核心观点吸引：应当通过运用理性并研究自然的内在运作机制来摒除恐惧和宗教迷信。[Ⅳ]

马基雅维利既创作诗歌又思考哲学。他年轻时的三首习作汇总收入一本诗集，由画家桑德罗 · 波提切利绘制插图。这本诗集还收有十首洛伦佐 · 德 · 美第奇（史称“豪华者”）的诗作。洛伦佐自 1469 年——马基雅维利恰巧在这一年出生——至 1492 年去世期间是佛罗伦萨的实际统治者。在佛罗伦萨，美第奇是最为富有和最有权势的家族。洛伦佐的祖父科西莫 · 德 · 美第奇是欧洲最富有的银行家的儿子，他在 1434 年推翻原政府之后成为佛罗伦萨的实际领主。这个家族从此统治这座城市达六十年，名义上奉行共和制，但事实上却把权力集中在他们的支持者手上。

科西莫和洛伦佐都是艺术事业慷慨而挑剔的赞助者，他们出资修建教堂和宫殿，支持著名的新柏拉图学院，学人在佛罗伦萨城外的卡雷吉庄园聚会。不过，此时马基雅维利与美第奇家族的关系有多亲密都只是推测。他似乎是，至少有一段时间是，一个人文主义学者、艺术家和哲学家小圈子（年轻的米开朗基罗

---

① 马基雅维利（Machiavelli）姓氏的前几个字母（Machia）与“玷污、污蔑”（macchia）在拼写和发音上相近，这里音译为“马讥雅”。

也属于这个意气风发的小组织）里的一员，洛伦佐资助着这个圈子。马基雅维利的诗作中还有一首是献给洛伦佐小儿子朱利亚诺·德·美第奇的。这些诗在十五世纪九十年代早期收入诗集，此人应当是正处于青春期的少年。不管这个组织是什么性质，它在 1494 年失去供养。当时，一场反对洛伦佐傲慢无能的长子皮耶罗（史称“不幸者”）的人民起义赶走了美第奇家族。

那时马基雅维利快 30 岁了，他已经找到可以充分发挥才智的事业。政治流淌在他的血液中。在过去两个世纪中，众多家族成员都在佛罗伦萨有个一官半职，总计有十三位马基雅维利族人被擢升至政府最高职位，即正义旗手。其中最多彩的职业生涯是乔瓦尼·马基雅维利缔造的，他俨然是一个当代版的但丁，尽管曾谋杀一名牧师并被控犯有强奸罪，但仍旧多次被推上最高位。其他出名的马基雅维利族人就只有弗朗切斯科和吉罗拉摩，他们都是贝尔纳多的远房表亲，都因反对科西莫·德·美第奇的寡头统治而被问斩。

尼可罗没有被这些亲戚们的命运吓倒，在萨佛纳罗拉倒台前风云诡谲的几个月里他应该已经涉足政治了。1498 年初，他曾竞逐执政团第一秘书，该职位为共和国执政团提供行政支持。同时参与竞争的还有另外三位候选人。他没能获得足够的票数，这可能是因为他属于反萨佛纳罗拉派。[V] 但是变革的春风很快就把他送上了台。就在处死萨佛纳罗拉和严酷镇压“痛哭派”后的三个月，他便有了一个比较好的结果。1498 年 5 月 28 日，负责任命共和国大使和其他官员的“八十人咨议会”提名他担任重要且显赫的秘书厅第二秘书长一职。作为一项需批准的任命，这项提名被送至由约三千名公民组成的大型集会"大议会"[①] 面前。马基雅维利再次发现自己面对三个对手，但这一次，6 月 19 日，他被选上接替亚历山德罗 · 布拉奇完成两年任期的剩余部分。马基雅维利——这个名字日后与毒辣、残忍的统治同义——上台了，是他的公民同胞们选择了他。

佛罗伦萨的环形城墙内居住有大约五万人，1494 年美第奇被驱逐后恢复为共和国。"大议会"是共和国的基石，该议会由 29 岁以上的佛罗伦萨人组成，有权立法和选举由政府行政部门（执政团）提名的官员。执政团由八名执政（或称长老）和政府首脑即正义旗手组成。这九个人与各种委员会，比如"自由与和平十人委员会"和"公安八人委员会"，共同磋商制定共和国国策。他们之间所有的往来文件——报告、信函、协议——都由秘书厅的秘书们准备。

佛罗伦萨秘书厅不是普通的官僚机构。一个多世纪以来，它一直由佛罗伦萨最有才华的文学头脑构成：诗人、历史学家、通晓拉丁文和希腊文的学者。政府的官方文件总是用拉丁文写成，要求达到最高的行文标准。从科卢乔 · 萨卢塔蒂开始，官方文件中充满了古典名言和典故。1498 年，马尔切洛 · 维尔吉利奥 · 阿

① 1494 年民众政府建立后，佛罗伦萨恢复了传统的人民大会和公社大会，并将二者合并为一个机构，即所谓"大议会"（Consiglio maggiore/Consiglio grande，也译"大参议会"或"大议事会"）。任何公民，只要按规定纳税，年满 29 岁，三代之内至少有一人曾有资格在三大行政机构（执政团、贤人团和旗手团）任职，便有资格参加大议会。1512 年美第奇家族复辟，大议会被废除。

德里亚尼当选秘书厅第一秘书长，成功地保持了这一卓越的文书传统。除了在秘书厅任职，他还是一名研究古希腊的学者，在佛罗伦萨学堂教授诗和修辞。亚历山德罗·布拉奇同样才华横溢，他用拉丁文撰写了三卷诗集，并把埃尼亚斯·西尔维厄斯·皮科洛米尼的《两位爱人的故事》译为意大利文，这是一个写于十五世纪四十年代的有关不贞情欲的故事，作者即是日后的教皇庇护二世。

到 1498 年，有多达十五到二十个秘书在秘书厅任职，他们大多数不是受训为律师，就是人文主义学者。有一半人接受负责外交事务的第一秘书长的领导，其余的则要为第二秘书长服务，此一职位自 1437 年开始设立，负责协助处理日益浩繁的政府文件。作为第二秘书长，至少在理论上讲，尼可罗·马基雅维利应当关心的是国内事务。然而，精打细算的执政团常常让秘书长们充当自己的公使，授权他们去国外地区，却不享有大使应有的排场和费用。此外，第二秘书长要给负责共和国对外关系事务的“自由与和平十人委员会”提供行政支持。事实上，在 7 月 14 日那天，刚刚进入秘书厅一个月的马基雅维利就被正式任命为“自由与和平十人委员会”的秘书，这个位子使得他不能待在办公室的办公桌前起草国内事务报告，而必须作为佛罗伦萨公使和大使跨马扬鞭出使外国。尼可罗即将去考察这个世界了。

作为第二秘书长，马基雅维利的年薪是一百二十八个弗罗林。这个数目虽然谈不上多却也够舒适生活之用，要知道一个佛罗伦萨熟练工匠的年收入大约在八到九弗罗林之间。他有一批助手为他工作，其中包括一个朋友，比亚焦·博纳科尔西，以及一位名叫阿戈斯蒂诺·韦斯普奇的律师，他是探险家阿梅里戈·韦斯普奇的堂兄弟。所有这些工作人员都挤在一间狭窄的办公室里，那是市政宫二楼一个朝北的房间。市政宫是一座巨大的堡垒般的建筑，是佛罗伦萨的政府所在地。① 要来到这间办公室需要通过一个相对宽敞的房间——百合花大厅，那是执政大人们的餐厅。百合花大厅装潢华丽，有大理石的门廊和镀金的天花板。多那太罗的大卫大理石雕像主宰着房间，墙壁上的由米开朗基罗的第一位老师多梅尼科·基尔兰达约绘制的圣徒壁画是一大特色。

百合花大厅里还有一块装饰。大约在 1400 年，一个命运之轮已经被画在它的一扇门上，并配有一首十四行诗，警示人们不要信任善变和任性的命运女神。[VI] 这一警示俨然与萨佛纳罗拉及其支持者被戏剧性地推翻之后的岁月变迁颇为契合。不过，在 1498 年夏天，当尼可罗·马基雅维利将要迈出进入权力中心的第一步时，命运女神看起来是对他笑脸相迎的。

① 即是为更加准确起见，我把这座建筑——现在被称为旧宫（Palazzo Vecchio）——叫作市政宫（Palazzo della Signoria），这是它在马基雅维利任上的名字。直到美第奇 1549 年得到皮蒂宫（Palazzo Pitti），它才叫作现在的名字“旧宫”。那时美第奇家族废弃市政广场（Piazza della Signoria，他们曾把它当作自己的官殿），改用他们位于阿诺河南岸的“新宫”。原文注。“我”即指本书作者。

第二章

画完佛罗伦萨新圣玛利亚教堂的系列壁画《施洗者圣约翰生平写照》后，多梅尼科·基尔兰达约用华丽的辞藻写道："作于1490年，创作期间这座以胜利、艺术与建筑名世的美丽城市安享着伟大的繁荣、康宁与和平"。然而，这种繁荣、康宁与和平并没有持续多久。从1492年"豪华者"洛伦佐去世，到1498年吉罗拉摩·萨佛纳罗拉被处死的那几年，这座城市始终动荡不安、灾难重重。强风暴带来的一连串歉收导致了饥荒，到1497年春天，佛罗伦萨饿殍遍地。那年夏天，瘟疫和热病伴随日食出现，每天有上百人死去。一个半世纪以来，瘟疫时常降临佛罗伦萨，最近一次则发生在杀死萨佛纳罗拉的那个月。更糟糕的是一种被称作"法国病"的新病——其实就是梅毒——出现，患者生出疖子后毁容，某些情况下还会让人失明。佛罗伦萨人弗朗切斯科·圭恰迪尼说："疫情令人惊恐，堪称最严重的灾难之一。"然而，在许多人看来，那些年里降临佛罗伦萨——实际上也是整个意大利——最大的灾难，乃是法王查理八世入侵意大利半岛。

十五世纪九十年代的意大利半岛是十几个独立的王国、公国、采邑、城市国家和共和国的大杂烩。不过，其中有五支势力占据主导地位。北方的两大主要势力是斯福尔扎家族控制下的米兰公国以及领土和影响力沿运河与泻湖深入内陆的威尼斯

共和国。那不勒斯王国占据南意大利的三分之一，近五十年来由阿拉贡王室成员统治。半岛中部地区的大部分是教皇国，是教皇治下的跨度达二百五十英里的土地，从南部的罗马延伸至北部的博洛尼亚，斜跨整个半岛。第五大主要势力便是佛罗伦萨，包括超过三千五百平方英里的托斯卡纳乡村和比萨城。

自 1454 年起，这五大势力彼此间维持着大致的和平，当时各方代表达成了一项互不侵犯条约，史称《洛迪和约》。但是，1494 年那不勒斯国王斐迪南一世——即唐 · 费兰特——的死急剧地颠覆了这一平衡。与“和蔼的查理”的绰号大相径庭，年轻的法国国王雄心勃勃，迅速采取行动。安茹的路易二世 1389 年曾加冕为那不勒斯国王，查理八世作为其曾孙对那不勒斯王国的继承权其实很勉强，但毫无操守的新晋米兰公爵卢多维科·斯福尔扎[1] 则敦促他快快宣布。结果是 1494 年 9 月法王率一支三万多人的军队跨过阿尔卑斯山，迫使意大利所有的政治势力确认继承权到底是归他还是归唐·费兰特的儿子——新加冕的国王阿方索二世。

佛罗伦萨起初支持阿方索。不过，强大的法国军队一来到托斯卡纳境内便轻而易举（同时也是残酷地）拿下了佛罗伦萨的菲维扎诺要塞，这迅速改变了效忠关系，至少对“不幸者”皮耶罗而言是如此。“豪华者”洛伦佐曾预言，他的长子将因其鲁莽和傲慢的性格搞垮美第奇家族。该预言迅速成为现实，未经请示执政团和人民，吓破胆的皮耶罗仓皇表示支持查理，并拱手献出了几座佛罗伦萨要塞，包括比萨城。如此懦弱的投降激怒了佛罗伦萨人，几天之内，皮耶罗及其家眷在“人民与自由！”的怒吼声中流亡出逃。佛罗伦萨人赢得了他们的自由，但他们失去的是同等重要的比萨城。

对佛罗伦萨人而言，这一损失是法国入侵而导致的最令人羞愧的后果。自 1406 年以来佛罗伦萨便统治着这座邻城，这是一个富裕的港口城市。1494 年 11 月，查理八世与佛罗伦萨签署了

① “摩尔人”卢多维科·斯福尔扎（Ludovico Sforza，他的名字也拼作 Lodovico，洛多维科），他为了取代体弱多病、与那不勒斯王国有姻亲的侄子吉安·卡莱亚佐·马里亚·斯福尔扎（阿方索二世的女婿），成为米兰公爵，在 1494 年邀请法国国王查理八世出兵那不勒斯，造成了意大利长达数十年被外国列强（法国、西班牙、神圣罗马帝国）干涉的局面。

一份条约，承诺一旦得到那不勒斯便归还比萨。然而，比萨回归之路颇为艰难。因为正如当时某个历史学家所观察的，比萨人“从骨子里抗拒佛罗伦萨的控制”。随之而来的是持续数年的小规模冲突，佛罗伦萨试图以此夺回它珍贵的财富，却屡屡无功而返。1498 年 5 月，比萨人在圣雷戈洛把佛罗伦萨人打得落花流水，并且——更耻辱的是——活捉了他们的军队统帅卢多维科 · 达 · 马尔恰诺。

当 1498 年尼可罗 · 马基雅维利进入秘书厅时，夺回比萨是执政团和“十人委员会”议事日程上的头等大事。不过，佛罗伦萨没有自己的军队，因此只能像意大利半岛上的其他许多国家一样，被迫向更小更穷的国家付钱请雇佣兵来打仗，这使得形势更加严峻。对佛罗伦萨这种商业城市而言，公民更多投身商业而非战争，那些外籍雇佣兵乃是一种“必要之恶”。最主要的问题之一是，不能指望这帮没有爱国情怀的唯利是图之人始终替他们的雇主奋勇向前。雇佣军的游手好闲、退缩逃避和两面三刀可是“有口皆碑”的。

鉴于倒霉的卢多维科 · 达 · 马尔恰诺正在比萨的地牢里遭罪，佛罗伦萨需要另选一人带兵打仗。1498 年 6 月，他们任命一位著名雇佣兵队长做新的军事长官，此人名叫保罗 · 维泰利，是翁布里亚的卡斯泰洛城臭名昭著的残暴军阀的儿子。虽然只有 37 岁，但从 13 岁出道以来，维泰利的业务已经遍及意大利全境。和许多雇佣兵一样，他也是个老派勇士，喜欢大斧、利剑甚于火枪。他以挖出被俘火枪手的眼睛和砍下他们的手臂而闻名于世，因为他憎恶现代战争的新形势：跨马驰骋的骑士会被持枪的无名小卒射杀。

维泰利履职一个月后，执政团雇了第二支雇佣兵，亚科波·德·阿皮亚诺，托斯卡纳海港皮翁比诺和厄尔巴岛及克里斯托山的统治者。48岁的亚科波·德·阿皮亚诺也是名经验丰富的雇佣兵队长，曾替那不勒斯、米兰和锡耶纳卖命。1496年，他甚至曾帮助比萨攻打佛罗伦萨。佛罗伦萨雇他花了二万五千杜卡特，这可是一笔巨款，因为当时整个城市的税费和其他间接税加起来的年收入总额不过一万三千杜卡特左右。然而，亚科波对合约不满——他要增加约五千杜卡特——于是1499年3月马基雅维利奉命前往比萨二十英里外的蓬泰代拉镇，亚科波在那里安营扎寨。执政团给了他指示，日后他很快就对这种指示可悲地习以为常了。他要向亚科波保证佛罗伦萨将会满足他的要求，但条约却要写得极尽含糊其辞之能事，这样执政团便不需要真的履行这些义务。他要给出承诺，却又没钱履约。

这是他的第一个外交使命，马基雅维利必须充分调动、使用他全部的修辞技巧。据说他的父亲1480年从佛罗伦萨一个叫扎诺比的文具店主那里借过西塞罗的《论演说家》，这是最有名的修辞学论著之一。无论当时尼可罗有没有读过这本书（他那会儿才11岁），日后他也肯定会在其教育的后期阶段研习这部名著。西塞罗描述了优秀演说家应具备的多种素质和培养各种能力所需要的实践训练：训练声音、使用手势、掌握事实、增强记忆、博得好感，诸如此类。西塞罗所阐述的深厚的演说造诣深得佛罗伦萨政府重视（比如当他们要与亚科波·德·阿皮亚诺谈判时），政府总是乐于对其盟友口惠而实不至：毕竟第一秘书长阿德里亚尼可是个大学里的修辞学教授。看起来马基雅维利文雅的劝说技艺——口才与文采——不仅要让他在秘书厅跻身高位，还得确保这次棘手的出访能够安抚暴躁的皮翁比诺领主。

不过，此次出访比萨郊外泥泞低洼的营地，马基雅维利的修辞训练基本上没有派上用场。他很快就习惯了接受骑马长途跋涉去为吝啬的执政团四处说项的命令，而那些贪婪的军阀们一向只为钱而不为言辞所动。毫不奇怪，他第一次与雇佣兵首领的接触并不特别愉快。亚科波是一个狡猾的政治家，他曾因顽固地对抗教廷而被恼怒的教皇逐出教会。然而，此次出访看来还是成功的，亚科波同意继续保护佛罗伦萨并进攻比萨。

马基雅维利看上去成功脱身了，但实际上几个月之后的酷暑中，他又被派遣去完成一个几乎一样的任务。把秘书厅里所谓的“我那巨大的工作量”抛在身后，他骑马前往亚平宁山脉的另一侧，佛罗伦萨东北五十英里外的弗利。此次的主要任务是说服第三个雇佣军首领奥塔维亚诺·里亚里奥与佛罗伦萨续约（6月刚刚到期）且不增加报酬。更确切地说，由于奥塔维亚诺未满20岁且远在米兰，马基雅维利要与这位年轻雇佣兵首领的母亲卡泰丽娜·斯福尔扎谈判。马基雅维利被派去同如此强大的人物交涉，表明执政团对他们年轻的第二秘书长是何等信任。

在某些方面，卡泰丽娜·斯福尔扎是比亚科波·德·阿皮亚诺更可怕的角色。虽然只有36岁，她已经是一个传奇人物，经历过悲惨、坎坷与大风大浪。她是残暴荒淫的米兰公爵加莱亚佐·马里亚·斯福尔扎的私生女，其父于1476年被谋杀在米兰大教堂台阶之上。当时13岁的卡泰丽娜对身边人的暴死就已经相当麻木了。15 岁时她嫁给了教皇西克斯图斯四世和伊莫拉与弗利领主的侄子吉罗拉摩·里亚里奥。1488 年吉罗拉摩被暗杀，七年后，她的第二任丈夫贾科莫·费奥，也同遭此运。第三任丈夫是“豪华者”洛伦佐的远亲乔瓦尼·德·美第奇，死于 1498 年,这位倒是自然死亡。这些悲剧丝毫没有削弱卡泰丽娜的斗志。绰号“泼妇”的她胆大妄为的声名远播。她独自逃到弗利城堡对抗杀死第一任丈夫的凶手，当刺客扬言若她不投降便杀掉她的小孩时,（据传说）她登上壁垒，挽起裙子，露出外阴，挑衅道：“老娘的门儿在这呢，照样能再造别的！”更晚一些，她谋划暗杀教皇亚历山大六世，更展示了她独具一格的胆大包天：她给教皇寄了一连串信件，里面包着瘟病病人的裹头布碎片。

卡泰丽娜拥有略带红色的金发和白瓷般的肌肤，她的美貌与胆识同样出名。她有一本详细记载其所用面霜成分的配方簿（慢性毒药的配方也收录其中）。佛罗伦萨画家洛伦佐·迪·克雷蒂用画笔留住了她的容颜，弗利的商人们则仅靠出售她的小头像就大赚了一笔。在后方秘书厅里的马基雅维利的朋友比亚焦·博纳科尔西也垂涎这样一件小纪念品。“回信时请送给我一张夫人殿下的肖像,这种画像那边做了很多的。若果真寄送,”他叮嘱道,“要仔细卷起来，以免折坏”。

对马基雅维利而言，他似乎对这位“泼妇”就没有那么大的兴趣了。他在弗利停留了大约两周，谈判几经周折。这是因为卡泰丽娜再三拖延时间，声称她没有多余的士兵和弹药，并且任何协议总在最后一刻变卦。她毫不在意那些华而不实的承诺，而那是佛罗伦萨很多外交活动中最重要的部分。最后，马基雅维利恼怒于无甚进展，以“言辞和手势”表明了他的不满（当然要比西塞罗所建议的更明显和粗鲁），然后在8月初返回了佛罗伦萨。不过，到那时，似乎佛罗伦萨就要成功拿下比萨了，有没有卡泰丽娜的士兵与弹药似乎无关紧要。

* * *

“我们在比萨的战事越来越好”，马基雅维利返回佛罗伦萨的前几天，比亚焦·博纳科尔西在信中如是说。这绝不是一厢情愿。自打一年多以前保罗·维泰利被委任为佛罗伦萨军事统帅，他一直在和比萨人小打小闹，互相扫荡村庄、抢夺牲畜、糟践庄稼、烧毁城堡。但到8月份，维泰利终于把注意力集中在直接打击比萨本身。在他的哥哥维泰洛佐的鼓动下，他的部队迅速拿下附近的阿斯卡尼奥要塞（在那里，维泰利按照他自己的惯例把守卫者的手剁了下来），并用一百九十门大炮猛轰比萨。到8月6日，他的炮火已经把围城的城墙炸出四十码宽的口子。四天后，他的将士们冲入比萨的要塞，打跑了敌方的指挥官。在几天后的圣母升天节，他的手下又在城墙内占领一座教堂和周边的房子。看起来，在独立将近五年后，佛罗伦萨终于要重掌这座叛城了。

不过，执政团丝毫不敢心存侥幸。炮击还在继续，执政团下令，要求把因普鲁内塔的圣母像送到佛罗伦萨，以防被维泰利的攻击损毁。圣母像是佛罗伦萨最宝贵的圣像。该画像据传是圣卢克所画，在公元1000年为圣母教堂（在因普鲁内塔，佛罗伦萨南面七英里处）挖地基时出土。据传，当铁锹戳到这幅画的时候，它痛苦地大哭起来，从此这幅传奇的画作便一直保存在教堂里，必要时会被送到佛罗伦萨——人们总是赤脚排成一队，小心翼翼地给它戴上面纱，捧在队伍最前面。在过去的五年里，它至少被送往佛罗伦萨出席四种不同的场合。它施展了一些神迹，如1494年丰收时的好天气以及1496年里窝那人血腥屠杀了四十个比萨士兵。

最后这次，8月24日，从因普鲁内塔而来的运送队伍停住了，因为穿过乡间时，画像被一根橄榄枝勾住了——一个小小的不慎却被看成是一个好兆头。即使如此，比萨还是没有放弃抵抗。有谣言说比萨人配备了毒箭，这让维泰利的手下颇为踌躇。维泰利自己好像也无心再接再厉。“大议会”投票表决不许他洗劫城市（他和他的部下本希望能靠战利品大赚一笔），这更是丝毫激不起他进攻的兴趣。他固执己见，很快惹起人们对他叛变的猜疑——他9月初放弃围攻的决定（表面上是因为部队里疟疾横行）更坐实了这一猜疑。这次失利对佛罗伦萨的士气是一个沉重且充满耻辱的打击。“整个佛罗伦萨都在窃窃私语”，一位观察家评论道。

维泰利没能拿下比萨显然是说不通的，尼可罗·马基雅维利对此大惑不解且极其愤慨。如果说马基雅维利已经对亚科波·德·阿皮亚诺和卡泰丽娜·斯福尔扎心怀不满，那么维泰利此次昂贵的优柔寡断则是这帮言而无信、两面三刀之徒的集中表现，他们只为钱而战，毫无爱国情操。维泰利放弃围攻，或应归咎于怯懦，或是更加恶劣的秘密通敌。马基雅维利相信是后者。他对“维泰利的背叛”大为光火，宣称这次围攻的失败“就是他的错”。他写道，雇佣兵队长应该得到“无尽的惩罚”。

处罚决定出台得相当快。维泰利被捕，带回佛罗伦萨，先是上刑架拷打，然后在10月1日经审判，以收受比萨人贿赂的罪名（虽然缺乏证据）问斩。处决在市政宫顶上的一个阳台上执行，下面的广场上挤满了人。一个目击者称“曾以为他的脑袋会被扔到广场上”，“但是没扔，而是插到一根矛上放在阳台的窗上示众，边上还有点燃的火把，让每个人都能看个真切”。

维泰利的一票亲信，包括他的医生，都同时被捕；其中有个叫凯鲁比诺（一个天使般的名字）的，立刻在德尔波德斯塔宫的窗外被绞死。但是，保罗·维泰利的哥哥维泰洛佐，一个以残忍暴虐而闻名的雇佣兵队长，逃出了佛罗伦萨的控制。佛罗伦萨人很快就要为维泰洛佐和二百个士兵逃走这一失误付出代价。

第三章

惨败给比萨几个月后，马基雅维利作为第二秘书长的任期即将结束。秘书长通常由选举产生，第一次任期为两年。但从 1498 年被选出，马基雅维利只工作了一年零八个月，那是亚历山德罗·布拉奇任上剩下的二十个月。1500 年 1 月 27 日，马基雅维利的名字在不到两年内被第三次提交到“大议会”。未能征服比萨丝毫没有妨碍他的仕途，于是他按时履职，依法任期一年。他一定十分欣喜，不仅是因为能再为共和国效力一年，更因为政府“因其亲身涉险”而付给他六个金弗罗林。比萨尚未收复，而米兰与法国的全面战争又已打响，前路无疑荆棘密布、险象环生。

当年 5 月，父亲辞世，而马基雅维利正筹备前往比萨。他们父子二人相当亲密：都爱读书，热衷政治，也都极具幽默感。马基雅维利的母亲在 1496 年过世，他的两个姐姐也已嫁人，佛罗伦萨的家中只剩下他与弟弟托托，托托正盘算着在教会里谋份差事。贝尔纳多本人应该并不特别虔诚，不过，他确实曾为一家女修道院捐过一件圣坛装饰画，好让她们为自己的灵魂做弥撒。他被葬在佛罗伦萨圣十字教堂的那个马基雅维利墓中。接下来几年里还发生了一件奇怪而又多少有点儿骇人的事件，好多具尸体“非法闯入”了这座墓。而当圣十字教堂的一位修道士表示要将乱入者清理出去时，尼可罗的回答充分展现了他父子二人的特点。“嗯，且让他们待在里面吧，”他写道，“家父极爱谈天说地，有人与他为伴，他必欣喜不已。”[I]

马基雅维利公务缠身，根本无暇哀恸。父亲刚刚故去两个月，7月中旬，他便奔赴法国，前往四百五十英里之外的里昂。这是他第一次离开意大利，第一次不仅仅是骑马离开佛罗伦萨几天而已。他得到八个杜卡特用于日常开销，还有一个杰出的旅伴弗朗切斯科·德拉·卡萨，前驻法大使。“你们应以尽可能快的方式赶路”，执政团指示道，这是催促他“骑上驿马”，每当离开旅店继续赶路时都尽可能换马。[II]这次他的任务可不是跟亚科波·德·阿皮亚诺这种阿猫阿狗谈判，而是要对付欧洲最有权势之人——法王路易十二。

此次远行的目的仍关于比萨。6月底的时候，也就是保罗·维泰利放弃围攻的十个月后，佛罗伦萨人再次攻打这座不驯的城市。这次的军队是借自法国的雇佣兵，由瑞士人和加斯科涅人组成，因为路易十二（1498年接替查理八世继位）答应收五万杜卡特助佛罗伦萨收回比萨。但计划再次落空，去年夏天的一幕令人丧气地再度上演。大炮刚刚把城墙轰开一个口子，扫清了障碍，瑞士人和加斯科涅人便和维泰利的人一样无心作战了。这帮家伙实际上比维泰利的手下还不堪。许多加斯科涅人开了小差，四处掳掠。瑞士人的行径更加无耻，他们扣下了佛罗伦萨的指挥官作为人质索要赎金。

鉴于马基雅维利亲身经历过诸多此类混乱可耻的场面，他被选出来伴随德拉·卡萨前往法国宫廷。两人要为佛罗伦萨在此事件中遭受的一切责难做辩解，并让法国知道这都是法国统帅一手造成的，执政团称其行径“腐败而又懦弱”。

马基雅维利和卡萨在7月26日抵达位于里昂的法国宫廷。他们为此从塞尼山翻越阿尔卑斯山脉，平均日行五十英里。然而，他们好容易抵达里昂，宫廷四处游荡的特性便要他们再次上马，向西北骑行一百二十五英里，到勃艮第的心腹地区讷韦尔。宫廷的不安分反映出路易十二对狩猎红鹿的热情以及躲避瘟疫爆发的急切心情。然而，他们刚刚到达讷韦尔，又被迫北上九十英里，前往蒙塔基；等到了那里，宫廷又自顾自地移驾靠近巴黎的默伦了。不久，宫廷又向西一百英里到达布卢瓦，那里距佛罗伦萨已有七百英里（正如阿戈斯蒂诺·韦斯普奇在给马基雅维利的信中说的），“几乎是……另一个世界”了。

马基雅维利和卡萨并不受法王及其宠臣鲁昂枢机主教乔治·安布瓦兹的欢迎。这两个佛罗伦萨特使首次觐见法王和鲁昂枢机主教是在讷韦尔。此后几周的会谈丝毫无助于改善佛罗伦萨与法国的关系。法王表示乐意继续与比萨开战，只要佛罗伦萨出钱就行。另外，他要求佛罗伦萨人仍旧支付叛变了的瑞士人的薪水。急需法国重夺比萨的佛罗伦萨人无力抗拒这些要求。不过，佛罗伦萨政府的回复仍旧是犹疑不定、支支吾吾，这越发成为其外交策略的特色。别说法王，就连马基雅维利都对这样的拖延伎俩恼怒不已。他在信件中向后方的上级指出，法国“只考虑谁的武力雄厚，谁打算一掷千金”——而可悲的是佛罗伦萨在这两方面都欠缺得很。他告诉执政团，实际上法国人都管你们叫“无关紧要先生”。

向那些让他越来越反感的人传达这种侮辱性的话，马基雅维利无疑是乐在其中的。他已经发现佛罗伦萨政府固有的问题就在那扇旋转门后，也就是说在市政宫里。八位执政及其召集人正义旗手在当选后任期仅为两个月。九人任期之所以被如此严重地缩短，乃是因为只有行会成员才有资格当选，有限的公共服务时间保证了他们自家的生意不会被耽误。这当然有益于贸易和生产，但不利于政治，因为市政宫里尽是些没有政治经验和技能、任期又极短的人，不等他们获得点儿有意义的公共事务经验，任期就结束了。结果，一个政府的运行既缺乏连贯性和经验，也缺少系统性、制度化的进取心和清晰的方向。于是，便奉此等乏味的“箴言”为圭臬:“聪明人但求无过不求有功”“不到火烧眉毛决不轻易犯险”。[III] 对像马基雅维利这样正处在事业起步期的人来说，如此苍白的警句实在太倒胃口。

很快，马基雅维利和卡萨发现要和路易十二这样强大甚或强硬的盟友谈判，必须有个比他们更有权威的人。但是，执政团仍旧拖泥带水，恼怒的马基雅维利一周又一周地苦苦等待大使启程来法国。直到 12 月中旬，身在南特的马基雅维利终于得到消息，一个大使好歹是上路了。他如释重负，终于可以回家了。一个政府既要看雇佣兵的脸色，又受制于其他统治者的喜怒无常，外交政策还总是拖泥带水、搪塞敷衍。在返回意大利的漫漫长路上，他有足够的时间审视政府的这种缺陷。

*　*　*

马基雅维利热切地想回到佛罗伦萨。他在秘书厅的朋友想念他的热情洋溢，而他也思念与他们相伴的日子。10 月，他收到一封韦斯普奇的信，说起比亚焦和其他秘书“都非常渴望见到您。因为当您风趣、诙谐和令人愉快的话语回荡在我们的耳畔时，我们这些因无休止的工作而疲惫不堪、筋疲力尽的人就会放松，感到高兴，打起精神来”。佛罗伦萨还有些人同样对“马讥雅”的归来望眼欲穿。一个叫作安德里亚·迪·罗莫洛的秘书助理写信给马基雅维利，说丽人桥附近的某个妓女正在等他，“无花果绽裂着……你知道我在说啥”。①

1501 年 1 月 14 日，离开整整半年后，马基雅维利返回佛罗伦萨。他一回来，悲伤和焦虑也随着快乐而来。他姐姐普丽马韦拉在他外出期间过世，年仅 35 岁。她留下丈夫和 14 岁大的儿子，名叫乔瓦尼。马基雅维利回来的时候，乔瓦尼正病得厉害。“真是咱家不幸的一年”，他忧郁的弟弟托托写道。

有关他能否再次当选的事情也值得马基雅维利思考：他一年的任期到月底便要结束。早在 1500 年 10 月的时候韦斯普奇就已经警告过，如果他不赶紧回来，职位就要丢了。他按时返回岗位，不过一回去就向上级请求一个理所应当的休假，他告诉他们，他的私人事务“彻底乱套了”。

---

① 这里的无花果（意大利文 fico）是在玩文字游戏，其阴性词 fica 为意大利俚语，指女性的生殖器。原文注。

第四章

意大利被称作罗马涅的区域绵延约有九十英里长，从东南边的博洛尼亚一直到亚得里亚海岸。沿着笔直的艾米利亚大道（一条罗马旧道），这片区域包括了一连串富饶的城市：伊莫拉、法恩扎、弗利、切塞纳和里米尼，向南去还有乌尔比诺以及亚平宁山脉另一侧的卡斯泰洛城。罗马涅是教皇国的一部分，每一个城市都有一名教皇的代理人，以教皇的名义统治着，每年向教皇缴纳一定数目的贡赋。这些代理人的位子一般都在一个家族内部继承：法恩扎的曼弗雷迪家族、里米尼的马拉泰斯塔家族、佩萨罗的斯福尔扎家族，以及卡斯泰洛城的维泰利家族。尽管这些职位依附于教皇，但这些教皇代理人都有很强的独立性。他们最大的输出品是战争，因此大多数人，比如维泰利家，都是雇佣兵队长。早在两个世纪以前，但丁就在《神曲》里写道："你的罗马涅在它的暴君们心中不论现在还是过去都无时无刻不处于战争状态"。[①] I到了1500年，那里的状况一如既往的悲惨。暴君们有时还会与教皇开战，例如"里米尼之狼"西吉斯蒙多·马拉泰斯塔，一个残暴而不虔诚的战争狂人，1468年杀掉前两任妻子，又到罗马谋杀教皇保罗二世（没有成功）。

① 中译采自田德望译《神曲·地狱篇》，人民文学出版社，1990年版，第211页。

这些好战而又自私的统治者使得罗马涅地区成为教皇国中最为虚弱的一处。几个世纪以来，它一直充满野蛮和动荡，易受外国入侵，与教皇的关系也不稳定。近来教皇国的危机更加突出了，因为伊莫拉和弗利的统治者卡泰丽娜·斯福尔扎试图谋杀教皇亚历山大六世（原为著名的罗德里戈·博尔贾）。1499年，她的计划失败，亚历山大下诏称其为“恶魔之女”，并将其从领地逐出。当年年底，她的领地便迅速落入教皇24岁的私生子切萨雷·博尔贾手中。卡泰丽娜逃到她在弗利的堡垒中，但这一次可没有了城堡上那漫不经心的虚张声势：手下四百人被屠，而她自己则被送到罗马囚禁起来。

卡泰丽娜·斯福尔扎不是教皇唯一的猎物。亚历山大希望为教廷创造一个更加可靠的联盟——在此之上建立起博尔贾王朝——于是，他安排切萨雷成为整个罗马涅的统治者。切萨雷过去十年里一直是实现其父野心的工具。他15岁时成为潘普洛纳主教，17岁时，在其父当选教皇一年后成为巴伦西亚枢机主教。这种境遇在教会中简直是平步青云，特别是他根本没担任过任何圣职，并且如一位编年史家最为保守的说法，此人“完全抵触僧侣职业”。他在1497年除掉自己的兄长（在很多人看来是切萨雷亲手为之）后宣布放弃枢机主教之职，以便全力投身更为世俗的事业。第二年，作为其父准许法王路易十二离婚的报偿，他成为瓦朗斯公爵（在意大利人们便称他“瓦伦蒂诺”）。但切萨雷和他父亲都垂涎一个更有价值的公国，而不仅仅是他只去过一次的罗纳河畔那块遥远的土地。

借口贡赋未缴，亚历山大六世将佩萨罗、里米尼和法恩扎的教皇代理人统统驱逐出教，将其领土收归教廷。接下来的动作则是在 1500 年 10 月，那时尼可罗 · 马基雅维利尚在法国，切萨雷 · 博尔贾率领一万名法国和西班牙雇佣兵急速杀回罗马涅。佩萨罗未加抵抗便乖乖就范，里米尼也步其后尘。只有法恩扎组织了像样的抵抗，但在长时间围攻后，也最终于 1501 年 4 月被攻克。教皇亚历山大马上册封其子为罗马涅公爵，使其成为这方不安分土地的统治者。

切萨雷 · 博尔贾因高调的新头衔和一支强大的军队而声名鹊起，他凭借那支军队迅速地取得两场战斗的胜利。更重要的是，他背后还有教皇和法王路易十二的支持，1499 年，他和法王的亲戚夏洛特 · 阿尔布雷结婚。毫不意外，在开疆拓土方面他着实欲壑难平。早在前一年秋天，阿戈斯蒂诺 · 韦斯普奇就向正在法国的马基雅维利报告说，让人忧心的传言称博尔贾计划打下佛罗伦萨并恢复美第奇的统治。当博尔贾收编了保罗 · 维泰利的哥哥维泰洛佐 · 维泰利后，事态就越发让人担忧了。自从维泰洛佐发誓要为弟弟的死向佛罗伦萨寻仇，这个残暴的雇佣兵队长就疯狂地追逐这一内心想法，与当年比萨城外小心谨慎的他判若两人。他抓住并处决了洛多维科的兄弟皮诺 · 达 · 马尔恰诺，比萨之战失利后佛罗伦萨曾派此人前去逮捕维泰洛佐。在之后的十八个月里，他在科尔托纳周围四处掳掠，在佩鲁贾城外打了惨烈的一战，几百人横尸疆场，而后又派一千步兵协助博尔贾拿下法恩扎。1500 年的 9 月见证了他最骇人的癫狂，在攻陷翁布里亚小城阿夸斯帕尔塔后，他焚毁了城堡并处死、肢解了其统治者阿尔托贝洛 · 达 · 卡纳莱。

最重要的是，维泰洛佐渴望着报复佛罗伦萨。博尔贾似乎已经准备遂了他的愿，因为 5 月初的时候他便移师进入佛罗伦萨领土，要求自由地穿过托斯卡纳前往皮翁比诺，他打算去那里干掉亚科波 · 德 · 阿皮亚诺。博尔贾没等执政团答复便向佛罗伦萨方向恐吓性地开进，恐慌笼罩着托斯卡纳。当他们的大军穿过乡村时，一个惊恐的佛罗伦萨人称“抢劫和无所不用其极的残忍”开始了。乡村的农民为生命安危计，很快就收拾起细软，驾上牲口满载逃到城墙以内。

佛罗伦萨独自张皇失措，面对威胁，只得匆匆派出大使们（在一队音乐家陪伴下）到佛罗伦萨城外的营地会见博尔贾。因为处于明显的劣势，大使们将博尔贾的要求照单全收。他们同意每年给他三万六千杜卡特，一笔贵得离谱的保护费，差不多相当于佛罗伦萨年财政预算的四分之一。正如 1494 年一样，佛罗伦萨一败涂地，其军事上的软弱在博尔贾凶残的掠夺面前暴露得一览无余。

*　　*　　*

1501 年的这几个月里，马基雅维利正忙于皮斯托亚事务，那是位于阿诺河支流上的一座小城，在佛罗伦萨西北二十英里处。自十四世纪中叶起，皮斯托亚就一直处在佛罗伦萨的统治之下。要维持和平从来不是简单的事情。即便以当时恶劣的时代标准论，皮斯托亚也是个充满暴力与凶险的城市，在坎切列里与潘恰蒂奇两个对立的家族之间时常爆发争端。马基雅维利远在法国那会儿，前者将后者连抢带杀地赶出了城。暴烈的无政府状态马上在皮斯托亚城扩散开来，全副武装的两派在多山的乡间打得不可开交。此等乱象曾被委婉地称为“脾性”[①]。2月初，才从法国返回两周的马基雅维利便作为全权代表被派往该城，以调停这些“脾性”，建立和平。

这次任务出师不利。马基雅维利刚到没几天就爆发了一场投入好几千人——这是皮斯托亚人口中的很大一部分——的冲突，造成二百人死亡。他在城里待了十天才回到佛罗伦萨，但是到了4月份，持续的打斗又造成五十多人死亡。7月初有大约三百人在一场冲突中死亡，潘恰蒂奇宫被夷为平地。十几个潘恰蒂奇家族首领的脑袋被插在长矛上游街示众，而其他被砍下的头则被用来玩儿“拍拉”游戏，这是网球的一种早期形式。于是，马基雅维利又被派回皮斯托亚做调停工作。

马基雅维利可能已经对他的任务产生了严重的困惑。十几年后，他探讨了三种备选方法为派系对立的城市建立秩序：或是杀掉派系首领，或是将他们驱逐出城，或是强迫他们放下武器签署和平协议。“在这三种方法中，”他写道，“最后一种更有害、更不确定且更无效。”——不过，他刻薄地评论道，这也是佛罗伦萨最常施加于皮斯托亚城的方法。摆平一个类似皮斯托亚这样的城市，最好的办法在他看来就是第一种措施。“但是，由于

① “脾性”原文为“umori”，按字面可译为“体液”（humor）。根据西方古典医学中的“四种体液学说”，人体内有血液、黏液、黄胆汁和黑胆汁四种体液，这四种体液的不同配合使人们有不同的体质和性格。马基雅维利曾多次使用这个譬喻，例如，《君主论》第九章（关于城市里的两个派别）、第十九章（关于军队和人民）；《李维史论》，第一卷，第四、五、四十章（关于贵族与平民）。

这样的极端措施带有某种大气魄和恢弘的东西，”他明确地指出，“一个羸弱的共和国不会把它们付诸实施。”

然而，就在马基雅维利第二次出访皮斯托亚时，又发生一次屠杀。他在夏天结束之前组织了一次调解，每个派系选出四个人加入到皮斯托亚执政团中，但是和平状态持续了不到一周，又爆发了一场更惨烈的冲突。那时马基雅维利已经返回佛罗伦萨料理其他事务了。32 岁时，他要结婚了。

* * *

马基雅维利的新娘是玛丽埃塔·科尔西尼。人们对他们的婚姻知之甚少——甚至连举办婚礼的确切日期都不清楚——对玛丽埃塔的情况倒是了解得多一点。和马基雅维利一样，她也是来自佛罗伦萨某个古老的小贵族家族中有点儿没落的一支：科尔西尼家族是南佛罗伦萨波吉本齐周围地区的一支贵族，十四世纪中叶佛罗伦萨佩鲁奇和巴尔迪的银行倒闭毁了他们。该家族中最杰出的成员安德烈亚·科尔西尼是十四世纪菲耶索莱城的主教，他曾亲眼目睹神迹，随后于 1629 年被封为圣徒。

首先可以肯定的是这场婚姻并非爱情的结合。对男人而言，更重要的是女人的嫁妆是否丰厚，以及——为传宗接代计——女人的臀部是否丰满。马基雅维利和玛丽埃塔的婚事可能是他父亲和女方父亲路易吉、兄长兰奇利诺商量的结果。在佛罗伦萨，婚礼通常由中间人操办，这涉及一系列协议，需要用法律合同记录在案并且要有一定的仪式。其中之一便是牵手，新郎为表示愿意迎娶，要在证人见证下牵起新娘的手。接下来的是资助，双方家庭的男性成员一起协商重要的资金事宜，比如嫁妆多少、新娘婚纱的费用几何之类。最后一步是迎娶，当有关的琐碎事宜敲定后，新娘便由迎亲队伍接到她丈夫家中。

1501 年夏末的某天，玛丽埃塔被送到广场大街（现在的圭恰迪尼大街）的房子里，靠近老桥的南端。她的新家在一片由三四栋房子组成的产业当中，这几栋房子里住满了尼可罗的族人，从十四世纪中叶起便是如此。房子背后有个院子，由一条凉廊隔开，这里名为“马基雅维利庭院”。尼可罗至少有一名仆人，房子里一楼有一间储藏室，存放酒和粮食，二楼是卧室和起居室，厨房在顶层。房子后面是一个二层小楼，有小路相通，是仆人的居所。同大多数佛罗伦萨的房子一样，他们家窗户上有铁栏杆——这一特别设计是用来阻挡小偷进来，防止妇人出去的。①

*　　*　　*

窗户上的铁栏杆确实让玛丽埃塔感到马基雅维利的宅邸像个监狱，她常常有充足的理由哀叹自己的命运。马基雅维利绝不是个理想的丈夫。像其他意大利男人一样，他毫无疑问认同贝尔纳多·马基雅维利最贵的一本书格拉提安《教会法》里的观点②：

① 马基雅维利宅邸——早已被拆毁——位于现在的圭恰迪尼大街 16 号。原文注。

② 格拉提安（Gratian），意大利基督教教会法学家，《教会法》的奠基人。1139—1142 年间，他把基督教历届公会议和教皇的谕令汇编成册，编成《教会法合参》，后世称《格拉提安教令集》。

“女人应当臣服于丈夫”，并且“女人毫无权威可言”。更近一些，人文主义学者、马基雅维利秘书厅里的前辈莱昂纳多·布鲁尼写下过毫不妥协的男权话语：“男人乃一家之长，也就是他家里的国王。”

马基雅维利的问题看起来并不是他的威权主义，也不是他常常不在家，如我们即将看到的，他的问题在于不只是偶尔偷腥，而是多年来和妓女、情妇们搞在一起。多年后，他的一个朋友写信给他：“若您真有自知之明，那您绝不会结婚。”马基雅维利声称羡慕单身汉，在作品里对婚姻毫无感情甚至冷嘲热讽。“每个拥有情人的男人，”他后来写道，“总是困扰于要被塞个老婆。”他的另一部作品，一部小说（《贝尔法哥——魔鬼娶亲记》），开篇便是地狱之王在思索为什么如此多的不幸灵魂都把他们的苦难归咎于恐怖的婚姻生活。还有一处，当他在评论李维的时候，将古代罗马妇女的形象总结为总是在毒害她们的丈夫。至于玛丽埃塔自己，她应该是个聪明体贴（不过有点儿容易过度紧张）的女性，非常在意丈夫的陪伴，每当公务将其带离佛罗伦萨，她总会深深地思念他。

事不凑巧，马基雅维利没多久便要远离家庭生活了。10 月份他要再一次骑马前往皮斯托亚处理派系纷争的事情。他走后没多久，玛丽埃塔发现自己怀孕了。就算马基雅维利希望成为一个体贴的丈夫，他也无暇做到。第二年，大概正是玛丽埃塔产下他们的女儿时，他被派去执行一个更加重要的任务：他要代表佛罗伦萨出访切萨雷·博尔贾的宫廷。

第五章

在征服了罗马涅和折磨佛罗伦萨一年后，切萨雷·博尔贾又火速迈向了另一个胜利。1502 年 6 月博尔贾以其一贯的狡诈征服了乌尔比诺公国。他请求该城统治者圭达托尼奥·达·蒙特费德罗助其征服卡梅里诺，而当倒霉的圭达托尼奥派出炮兵围攻卡梅里诺时，博尔贾立刻以两千西班牙雇佣兵拿下乌尔比诺。这是到目前为止他最令人瞠目的胜利，他成了这座美丽而富饶之城的主人，从十二世纪中叶以来它一直被蒙特费德罗家族统治着。同时，毫无疑问，这次征服也使博尔贾成为一支让意大利其他势力侧目的力量。

佛罗伦萨当然瞩目着他令人恐怖的崛起。可怕的传言再度四散开来：博尔贾的下道菜就是佛罗伦萨。并且，就在博尔贾进驻乌尔比诺的当晚，他便召集在场的大使商讨区域联盟的重大事宜。执政团丝毫不敢怠慢，他们立刻派出马基雅维利，同行的还有一位佛罗伦萨贵胄，沃尔泰拉主教弗朗切斯科·索德里尼。6 月 24 日圣约翰节的晚上，他们抵达乌尔比诺公爵府，旋即被博尔贾召见。

1502 年夏天，佛罗伦萨再度变得脆弱起来。在比萨的军事行动一如既往的惨淡：春天时，佛罗伦萨人派了几队强盗，他们被称为“扒地者”[1]，前去破坏比萨乡村。结果，比萨人抓住了他们，绞死、放血、分尸，然后比萨人又抄起他们自己的鹤嘴锄杀向佛罗伦萨境内的庄稼和果园。雪上加霜的是6月初阿雷佐又爆发了叛变，该城自1384年便在佛罗伦萨的统治之下。造反的阿雷佐人招来了维泰洛佐·维泰利，他随手就能拉起一支几千人的队伍。这位急欲报杀弟之仇的雇佣兵队长迅速拿下瓦尔迪基亚纳的要塞，以解放者的姿态挺进阿雷佐。虽然博尔贾坚称他对维泰洛佐的动向一无所知，但在佛罗伦萨没人相信公爵不是幕后黑手。然而，佛罗伦萨人一如既往的软弱，根本无法有力回击。

正是在这样的背景下，马基雅维利和索德里尼主教来到乌尔比诺那豪华的公爵府面见切萨雷·博尔贾。虽然博尔贾在佛罗伦萨人眼里既可鄙又可怕，但马基雅维利却对他崇敬有加。虽然恶名昭彰，但博尔贾确实是个才华横溢、出类拔萃的年轻人。他是个无可挑剔的学生，在佩鲁贾的大学及马基雅维利的母校（比萨的佛罗伦萨学堂）都受过扎实的教育。他精通包括拉丁语和希腊语在内的五国语言，虽然他大部分时间都在四处驰骋或以斗牛为乐（令人难忘的是他曾在罗马一天之内杀掉八头公牛），而不是在教室里。他能空手击碎马掌，在乌尔比诺的空闲时光里他总是在周围的山岭中猎杀雪豹，还与当地青年们比赛竞走和摔跤，且从无败绩。他身着黑丝绒外套，常常戴着面具——这既是为了显得高深莫测，也是为了掩盖梅毒的症状对其容颜

① “扒地者”（marraiuoli）指专门毁坏敌人土地的人，来自“鹤嘴锄”（marra）一词。

的破坏。

“这位君主卓尔不凡、气度超群”，在抵达乌尔比诺后不久，马基雅维利便满怀敬畏地写信给执政团。不过，令马基雅维利敬佩不已的既不是博尔贾的身强体健和运动天赋，甚至也不是娴于使用拉丁语和希腊语。从一开始就让马基雅维利由衷钦佩的是博尔贾坚定不移的决心和无所畏惧的行动。“在作战中，”他向上级报告，“他的进取心大到无以复加，对于追求荣誉和夺取土地，他从来就不知疲倦，不怕危险。他行动迅速、神出鬼没。将士们拥戴他，全意大利的精锐力量都汇聚在他身旁。正是这些让他战无不胜、所向披靡。”很难想象还有谁比他更能与犹豫不决、摇摆不定的执政大人们形成鲜明对比了，他们是洞悉木料价格的商人，不谙用兵之道。

跟法王一样，博尔贾对这两个佛罗伦萨代表也是颐指气使、不屑一顾。他扬言除非执政团承认他的战果并在他做事时安分守己，不然就要让佛罗伦萨变更政府，且明确表示要让皮耶罗·德·美第奇复辟。他还提到了那笔三万六千杜卡特的“小钱儿”，佛罗伦萨人至今还没有给他呢。“你们不与我为友，”他警告说，“便是与我为敌。”博尔贾催促他们向执政团强调其要求的紧迫性。晚上，他告诉他们“你们得速速决定”，第二天便下达最后通牒：佛罗伦萨有四天时间决定与博尔贾是敌是友。他强调：“绝无中间道路可言。”

当马基雅维利穿越崎岖的山岭火速赶回佛罗伦萨向执政团汇报博尔贾的要求时，他一定痛苦地意识到，所谓“中间道路”正是他那谨小慎微的政府最为偏爱的方式。可以想见，执政团是不会对博尔贾咄咄逼人的要求做出回应的。在 7 月份的第一周，最后期限过去数日，佛罗伦萨政府故伎重施，仅向乌尔比诺送去一通华而不实的词藻。博尔贾接到文书后勃然大怒，索德里尼主教害怕性命不保，立刻逃之夭夭，但整个这件事却让佛罗伦萨颇为自得。执政大人们认为博尔贾那严厉的最后通牒不过是虚张声势，尤其是法王路易十二恐怕很难准许他入侵佛罗伦萨，因为几个月前法王刚刚与佛罗伦萨签署过一个条约。讽刺的是，就在他们认定那是虚张声势的时候，维泰洛佐 · 维泰利攻陷托斯卡纳的桑塞波尔克罗镇（阿雷佐东北部十二英里处），并在巴蒂福勒堡大开杀戒。路易十二对此类事情极为不满。于是，博尔贾只好下令让手下撤出托斯卡纳地区。被激怒的维泰洛佐也只好撤兵（但在那儿的时候他连城堡上的钟都没放过）。到 7 月底，他扬言既要找佛罗伦萨人报仇，也要找博尔贾算账。

这场危机总算过去了。在上次遭遇切萨雷 · 博尔贾之后一年多，佛罗伦萨人第二次躲过一劫。然而，这一切都让他们对他们的执政团颇有怨言。他们意识到他们的治理方式存在固有缺陷，即迅速更迭的执政团成员极度缺乏政治事务经验。于是，他们决定进行重大制度变革。不同于往日正义旗手当选后只能任职两个月，他们提议设立终身旗手一职，希望一个永久性的职位（类似于威尼斯的共和国总督）能够为共和国带来更好的延续性和稳定性，同时也能够从政治实践中酿就政治智慧。

据此，8 月底的时候关于设立此项职位的法律得以通过，两周后“大议会”得到一份二百三十六人的候选人名单。根据惯例，因普鲁内塔的圣母像又被运到佛罗伦萨以帮助投票者们做出明智的选择。最终，资深政治家、前驻米兰及法国大使皮耶罗·索德里尼胜出当选。52 岁的索德里尼是沃尔泰拉主教弗朗切斯科的哥哥。而弗朗切斯科主教，就是与马基雅维利同行前往乌尔比诺的那位特使。在他们出访期间，弗朗切斯科曾明确表示欣赏和器重马基雅维利的智慧、远见及勇气，并称第二秘书长的"才干无出其右"。很快，皮耶罗也要仰赖马基雅维利的本事了。的确如此，他刚刚上任不到一个月就又给他的第二秘书长派了一个任务。正如切萨雷·博尔贾的邻居们焦虑地等待着公爵下一步的动向，佛罗伦萨人也觉得应该在他身边安排一名眼线。于是，马基雅维利又得到一个机会得以近距离观察这位"卓尔不群的"公爵。

* * *

马基雅维利兴致勃勃地接下这份差事。鉴于政府催他速速动身，他便带着行李乘马车踏上了行程。但他很快便被这些行李搞得精疲力竭，在距佛罗伦萨十五英里外的斯卡尔佩里亚他丢下它们并骑上驿马走完剩下的二十五英里去往伊莫拉。切萨雷·博尔贾正在那里接待四方宾客。他于 10 月 7 日到达，着一身骑行服觐见博尔贾。

自从三个月前马基雅维利在乌尔比诺与他会面后，博尔贾的命运发生了些许变化。这位罗马涅公爵的地位似乎岌岌可危，因为怒冲冲的维泰洛佐·维泰利和其他一些曾经帮助博尔贾打下罗马涅的雇佣兵队长们（包括佩鲁贾和费尔莫的领主）正在佩鲁贾相聚，商讨如何干掉这位雄才大略的君主。被骗而遭废黜的圭达托尼奥·达·蒙特费德罗警告过他们要小心自己的处境。正如佩鲁贾领主詹保罗·巴廖尼所说，他们冒着“被恶龙一个个吞掉”的危险。在马基雅维利抵达伊莫拉的两天后，即 10 月 9 日，叛变的雇佣兵队长们签署协议，决定一齐在罗马涅和乌尔比诺向博尔贾发难，乌尔比诺已经起兵造反了。

尽管遭遇这些挫折，博尔贾在马基雅维利的眼中仍旧魅力不减。正如马基雅维利在给“自由与和平十人委员会”的信件中所言，公爵具有“超人的勇气”。面对丧失领土的危险，他向佛罗伦萨和法王求援。与此同时，他开始招募国民兵以对抗维泰洛佐和其他叛变的雇佣兵。他从罗马涅村庄中的每户人家都征召一人入伍，最终组织了一支六千人左右的队伍。他为他们准备了统一的制服，其中包括一件深红色与黄色相间的袍子，上面带有“CESARE”的纹饰。

让马基雅维利深为赞赏的除了那支军队，还有博尔贾在思考敌情时的沉着冷静，他蔑称敌人们都是“一群无能之辈”。他写信给执政团，敦促政府支持博尔贾对付这群难成大事的暴君们。他写道，罗马涅公爵“威震寰宇、鸿运当头、百战百胜”——却只字不提其背后乃是教皇的金钱与法王的军队。他坚信，佛罗伦萨应当与这个“意大利新贵”为善而不是交恶。

起初佛罗伦萨政府似乎要采纳这个建议。10 月的第三周，马基雅维利收到“自由与和平十人委员会”成员之一的皮耶罗·圭恰迪尼的一封信，使马基雅维利相信“可以看到人人都抱有一种意向，赞成与那边的公爵殿下的友谊”。政府通常是含糊其辞的。佛罗伦萨总是对博尔贾说个天花乱坠，却从不给予实际的物质支持。让马基雅维利烦恼的是，皮耶罗·索德里尼似乎更加关心博尔贾手里某些骡子的命运，它们是博尔贾手下从靠近乌尔比诺的杜兰特堡的一个骡队中抢来的。正义旗手诡异地执著于这些牲畜。"你要去找公爵殿下好好谈谈那六头被抢走的骡子，"索德里尼严厉地强调，"为此你要多多恳求他"。

马基雅维利待在伊莫拉的时间渐渐从11月进入12月，而无论是执政团还是谋反的雇佣兵队长们都对开战没有什么兴趣，全都继续踌躇不决。在佛罗伦萨，马基雅维利年轻的妻子开始感到烦闷。"玛丽埃塔夫人通过她哥哥写信给我问你什么时候回去，"比亚焦·博纳科尔西10月份曾给他写信，"她相当不安，大为伤心，因为你许诺过她最多不过八天就回去"。到了12月，她愈发焦虑和忧愁，"玛丽埃塔夫人咒骂上帝，"比亚焦汇报说，"她感到她自己和财产都被抛弃了"。

其实马基雅维利这边早就盼着回家了。他一再担心自己不在佛罗伦萨会威胁到在秘书厅的职位连任。他对博尔贾的神神秘秘与执政团的磨磨蹭蹭也深感失望。显然是出于终日无所事事的烦闷，他请比亚焦为他找普鲁塔克的《希腊罗马名人传》以消磨时光（他通常会在鞍囊里带上一些书：在赶赴法国的漫漫长路上他一直在读尤利乌斯·恺撒的《高卢战记》和《内战记》）。他还给佛罗伦萨写信要求寄来一件天鹅绒和锦缎质地的披风、一件新的天鹅绒帽（他明显是想在博尔贾的宫廷里有个更好的仪容）和美酒。结果，他收到小气而有时恼人的回信。"抠你自己的屁眼去吧，"比亚焦没好气地回复道，"你也可以去问问魔鬼有没有这么多东西”。比亚焦还告诉他，他的报告并不如执政团所期望的那样频繁。“我得提醒你写得更勤点儿，”在10月末他批评马基雅维利，“因为你两次来信间隔长达八天，这种节奏既不能给你带来荣誉也无法取悦那些派你出去的人。”他的一些报告途中遗失，而有些则拜优哉游哉的信使所赐，要花上一个多礼拜才能走完伊莫拉到佛罗伦萨之间四十英里的路程。“托蒂那混蛋整整花了八天才到”，气恼的比亚焦抱怨道。秘书厅本身也照旧没什么效率。有次，一份安全通行证很晚才到伊莫拉的马基雅维利手里，比亚焦坦白承认这是因为本应准备文书的秘书安东尼奥·德拉·瓦勒整天都在玩十五子棋。

马基雅维利在伊莫拉待了两个月，12月10日那天，博尔贾带着五千名步兵和一千二百名骑兵冒着大雪离开城市。他的第一个目标是切塞纳，在东南方三十英里处。在接下来的两天里，马基雅维利和其他人一样一直在猜想博尔贾葫芦里卖的什么药。事实表明，公爵的第一招便让局势来了个惊人的峰回路转，马基雅维利和其他人一样都深感震惊和着迷。

博尔贾有个追随其多年的亲信，是个阴险狡诈、心狠手辣的西班牙人，名叫拉米罗·德·洛德瓜，作为罗马涅的军事统帅享有相当多的权力。拉米罗相当能干，他把这片区域内所有对博尔贾的统治有所不满的不和谐分子统统镇压了，人们因此怨声载道。12月26日破晓时分，他的事业戛然而止。切塞纳的人民聚集在城市广场上欣赏博尔贾带来的圣诞礼物：在血迹斑斑的斧子和处决台旁边，是被枭首的拉米罗，他的脑袋被插上长矛。“没人知道他为什么死，”马基雅维利向上司们报告，“人们只知道这就是公爵的一贯作风，他就是要显示他可以随心所欲地成就和毁灭他人”。

杀掉拉米罗只是好戏的开幕。同一天晚些时候，博尔贾挥师亚得里亚海岸的塞尼加利亚，那里正是他的敌人维泰洛佐·维泰利及其同伙密谋反叛的所在地。

第六章

罗马涅反叛的雇佣兵队长们在残暴和无信方面个个劣迹斑斑。佩鲁贾的詹保罗·巴廖尼将其对手奥迪家族一百三十口斩尽杀绝。27 岁的奥利韦罗托·欧弗雷杜奇，其职业生涯同样骇人听闻。他由舅舅乔瓦尼·福利亚尼抚养成人，后者是马尔凯地区的小城费尔莫的统治者。从军后，他曾和保罗·维泰利在 1499 年那场倒霉的佛罗伦萨战役中与比萨作战，后来多亏了他舅舅的及时干预才逃脱了与保罗一样的命运。两年后在费尔莫的一次宴会上，奥利韦罗托杀死了舅舅，执掌该城，算是对舅舅救命之恩的报偿。

虽然他们以好勇斗狠享誉于世，但当他们要对付博尔贾时却证明自己尽是缺乏决断力的无能之辈。身染梅毒的维泰洛佐·维泰利意志力萎靡，被人用担架抬进马焦内会议，一直难受得哼哼唧唧。在签署协议后，他们根本没有展开什么像样的军事行动，反倒是不少雇佣兵队长开始向博尔贾伸出橄榄枝。马基雅维利对这些举动大惑不解，不明白他们反对博尔贾的罪行哪里可能被宽恕呢。对博尔贾而言，他所做的不过是静观其变，直到 1502 年 11 月底他同他们的代表签下了一份和平协议。一个月后，就在拉米罗·德·洛德瓜死掉的那天，雇佣兵队长们故作忠诚，以博尔贾的名义拿下了塞尼加利亚。维泰利和奥利韦罗托随后进入该城，据说是要在博尔贾到来时向他致敬。马基雅维利跟着博尔贾来到了塞尼加利亚，他把接下来发生的事情称为“最精致的骗局”。

马基雅维利后来写道，博尔贾的演技使雇佣兵队长们以为博尔贾真的相信了他们。但是，像维泰洛佐和奥利韦罗托这样残酷无信之徒可不会如此不智，居然相信博尔贾这个同样无情的家伙会真的宽恕他们的罪过或者拿那份和平协议当回事。事实上，他们大致上已经预谋好，当博尔贾一踏入塞尼加利亚就杀掉他。他们声称城堡主人只想将城堡献给博尔贾而不是别人，从而将其引诱至塞尼加利亚；剩下的交给一名弓箭手就行了。博尔贾似乎已经察觉了这个过分明显的阴谋，但他仍旧去见维泰洛佐。1502 年的最后一天，塞尼加利亚城门口，维泰洛佐骑在骡背上等着博尔贾。友好的寒暄之后，博尔贾做了一个精心安排的小调动，结果等进入塞尼加利亚后，维泰洛佐和奥利韦罗托发现这里布满了博尔贾的士兵，而他们自己的大部分军队因为一个蠢到家的疏忽全被挡在了城墙外。两个雇佣兵队长立刻被逮捕，几个小时后就被博尔贾的得力干将米圭尔 · 德 · 科雷拉勒死。科雷拉是个令人胆寒的西班牙人，被称为唐 · 米凯洛托。博尔贾就这样一口气了结了他所谓的“他们没完没了的背叛和狠毒”。

在意大利政治中，维泰洛佐和奥利韦罗托这次密谋暗杀根本算不上什么，但这却成为未来几年里马基雅维利的心头挥之不去的阴影。处死他们那晚他正在塞尼加利亚，他坦白博尔贾这精妙的一击让他“久久回不过神来”。他叹服于整个事件中博尔贾身上体现出的诸多领袖气质：毁灭敌人的无畏决心、机智的花言巧语、执行计划时的沉稳气派，以及整个过程中并不依赖智囊们而是“独自掌控一切”，从而迅雷不及掩耳地达到目的。

1 月 23 日回到佛罗伦萨后，他仍旧着迷于这些事情，他很快便写下了一篇两千五百字的史学作品，题为《记述瓦伦蒂诺公爵在塞尼加利亚残杀维泰洛佐、奥利韦罗托·达·费尔莫、帕戈罗大人以及格拉维纳公爵奥尔西尼的方式》。这篇记叙不乏某些文学笔法：马基雅维利安排维泰洛佐祈求教皇赦免他的一切罪过，而奥利韦罗托则哭泣着把一切针对公爵的坏事，统统都推到维泰洛佐身上（这倒可能是真的）。但这篇文章不仅仅是文学作品或者历史记载，它还探讨分析了一个勇敢和机敏的领袖如何才能智取对手并无情地将其摧毁。一块小小的历史碎片被总结成一条教训，作为一个有益的案例说明一个智慧和能干的人如何能够化险为夷、绝地反击。马基雅维利相信，从 1502 年最后一个月切萨雷·博尔贾的所作所为中能够学到很多关于政治手段和领导才能方面的东西。这篇短文萌发的某些观念的雏形，能够在十年后的作品中得到更为周详的表达，马基雅维利因那部名著以独特的方式成为与博尔贾同样可怕和无信之人。

* * *

切萨雷·博尔贾的政治生涯所剩无多了。他那大腹便便的父亲教皇亚历山大六世在 1503 年 8 月初郁闷地说：“这月份对胖子来说简直要命。”这句话在他自己身上应验了，两周后他一命呜呼，大概是因为得了疟疾。就在同一周，他的私生子博尔贾因为高烧而一病不起，他甚至命令手下把他脖子以下都泡进冰水里。这场重病连同父亲的去世，标志着博尔贾过去十八个月来攻城略地的战果很快就会被他人蚕食。亚历山大葬礼后不到一个月，维泰利家族便在卡斯泰洛城重新掌权，亚科波·德·阿皮亚诺收复皮翁比诺，圭达托尼奥·达·蒙特费德罗再次入主乌尔比诺的公爵府。更糟的还在后头，在年底之前，博尔贾还要面对一个比罗马涅所有教皇代理人都更为狡诈和危险的敌人。

亚历山大六世的后继者是教皇庇护三世；但庇护只上台六十二天便呜呼哀哉，枢机主教们只好在 10 月底又进行一次集会。马基雅维利出使罗马为执政团报告最新的情况，这是他第一次来到这座城市。撇下大着肚子的妻子（玛丽埃塔上一年刚刚生下他们的女儿普里梅拉纳），马基雅维利于 1503 年 10 月 27 日到达罗马，恰好见证了那个被他视为政治领袖典范的男人的覆灭。

马基雅维利向佛罗伦萨报告了几个有望当选的候选人是如何巴结博尔贾的，因为博尔贾（因其伊比利亚血统）对几个西班牙枢机主教颇有影响力。胜出的角逐者是一位有权势的枢机主教朱利亚诺·德拉·罗韦雷，他与博尔贾签署了互不侵犯协议并许诺让他做教会的总兵（那正是他在其父手下担任的职务），并且助其收复在罗马涅的领土。博尔贾也如约送上了西班牙人的选票，1503 年 11 月 1 日，59 岁的枢机主教德拉·罗韦雷加冕为教皇尤利乌斯二世。

马基雅维利感到博尔贾这个一贯精明的谋略家犯下了严重的错误。“公爵则任由自己那种乐观的自信支配，”他写道，“认为别人的话比自己的话要更可信一些”。事实上，尤利乌斯确实无意履约。他和切萨雷的父亲教皇亚历山大六世积怨已久：亚历山大 1492 年就任后第一件事便是想要为其对手奉上一杯毒酒。于是，枢机主教德拉 · 罗韦雷逃出罗马，在法国度过了十年郁闷的流放时光，天天都在盘算着如何毁掉他的敌人。马基雅维利向国内报告了他听到的流言，说新教皇对切萨雷“恨之入骨”是人尽皆知的。“可以想见，”他评论道，“尤利乌斯二世不会轻易忘记自己在亚历山大六世在位期间整整十年的流亡生涯。”尤利乌斯哪里能忘，他很快就清算博尔贾。11 月的第三周他便剥夺了博尔贾罗马涅公爵的头衔并命令他说出进入城堡的口令，教皇坚称这些都是教会财产。博尔贾拒不从命，尤利乌斯便将他逮捕投入监狱。瓦伦蒂诺公爵的恐怖统治终于画上了句号。

尤利乌斯的手法实际上和一年前博尔贾处理那些叛军没有两样。博尔贾的倒台简直是普天同庆的大喜事，“曾为其残酷付出惨重代价”的佛罗伦萨人更是大喜过望。不过，这样卑鄙的伎俩——墨迹未干即撕毁协议——通常都会引来道德上的非议。比如，但丁就对所有的政治欺诈无甚好感，他精巧地问道：“什么样的好人会用暴力和欺诈得利呢？”[I] 因而，在《神曲》中，他便将那位臭名昭著的背信弃义者圭多 · 达 · 蒙泰费尔特罗囚禁在地狱第八层的不灭之火中，惩罚他“把这些诈术运用得那样巧妙”[①]。[II] 但丁当然也会谴责尤利乌斯的狡猾手段，但是马基雅维利，这位日后因教唆君主必须明白如何欺骗而遭世人唾弃

① 译文采自田德望译《神曲 · 地狱篇》，人民文学出版社，1990 年，第 212 页。

之人，却有自己的考虑。“我们可以看到，这位教皇开始多么荣耀地支付他所欠的债务”，他的笔下流淌着讽刺和挖苦，“就像棉花擦去墨水一样，将其一笔勾销，了无痕迹”。如果说他在某种意义上是为他的英雄的覆灭感到惋惜，那么他已经注意到这位教皇胆大妄为、肆无忌惮的态度，与博尔贾一样，也是用暴力和欺骗达到目的的领袖。在政治教训的讲台上，教师们可谓你方唱罢我登台。

*　*　*

切萨雷·博尔贾的灭亡让马基雅维利好奇又迷惑。在马基雅维利看来，博尔贾似乎把一切都做到了极致，为其长盛不衰的统治打下了基础。他灭掉了许多敌人；他用强力和高效控制了罗马涅；他从自己的臣民中招募军队；他获得了教皇和法王的影响力和支持；他在枢机团内拥有巨大权力。然而，他的统治仅仅持续了几年。那么，这一切是怎么了？他垮台的原因究竟是什么，如果可能的话他还应该做些什么呢？

为了理解和解释博尔贾的不幸命运，马基雅维利转而求助于占星家。无论是在佛罗伦萨还是欧洲的其他地方，占星术都广为流行。十五世纪，不管是为宫殿或教堂奠基、签署合约、聘用雇佣兵甚或是献身于高尚的宗教事业，没有哪个统治者不先去咨询占星家的意见以求心安的。例如，法王查理八世在1494年入侵意大利之前便咨询过他的占星家西蒙·法勒斯。尽管博尔贾对自己的能力自信满满，但他也相信占星术。他雇了好几个占星家，其中有个叫加斯帕尔·托雷拉的西班牙人，同时也是随侍左右的治疗梅毒的专家。雇佣兵队长危机期间，让博尔贾颇为满意的是这些占星家们指出，星相表明1502年将是“反贼谋逆主子的凶年”，他也是这样欢快地告诉马基雅维利的。这个预测应该是被证实了，但1503年博尔贾等人就没那么走运了。

马基雅维利并不像一般人那样执迷于萨佛纳罗拉——少有的占星术的反对者——所蔑称的“传染病般的谬误”。他对历史和政治事件做的法医式分析乃是基于他相信一种流行的假定，上天的喜怒能够影响甚至控制地上的事件。但他想知道，人类行动和这些上天的喜怒究竟有何关联？博尔贾的命运是否已经写在星相当中，因此他才在劫难逃？人类难道仅仅是超自然力的被动的玩物，由它预定命运？或者人是否有可能抗拒这些上天的影响，行使自由意志和自由行动？

博尔贾失败后的几个月中，这些哲学问题一直萦绕在马基雅维利的头脑中。他向帕多瓦大学的天文学教授巴托洛梅奥·韦斯普奇寻求答案，后者即是《天文学礼赞》一文的作者。1504年的头几个月，马基雅维利不时写信给韦斯普奇——他也是佛罗伦萨人——询问人类可否抗拒星相的影响。6月初，韦斯普奇回信，肯定地说：“古人众口一词地宣称，贤哲之人能够改变星宿的影响。”在韦斯普奇暗指的古人里无疑有亚里士多德，《大伦理学》里提出，星相能够控制人的“外部善”（父母、朋友、财富、身体素质、个人长相），但对他称为“灵魂善”的智力与道德能力则无能为力。距现在较近一次驳斥天定论的是托马斯·阿奎那，他在《神学大全》里写道：“占星师们自己习惯说‘明智之人控制星相’，因此换句话说，是他能够控制自己的激情。”

对星相的控制力更晚近的抨击者是米兰多拉伯爵乔瓦尼·皮科，他是“豪华者”洛伦佐圈子里最聪明的星相专家。在1496年他去世后出版的论文《关于天文学的论辩》中，皮科不承认星相对人类心智有任何一丝影响，他还断定人的心智既不受制于时间也不受制于空间。人能够自由思考——并因此自由行动——独立于星相对他们的安排。正如韦斯普奇所言，人类有自由和能力选择自己的路，“改换自己的步伐，一时这样，一时那样”。

到1504年，那种相信理性之人能够改变星相控制的观念传播得极为广泛，以至于在韦斯普奇看来马基雅维利的问题可能有点儿幼稚甚或无知。尽管如此，韦斯普奇还是引导马基雅维利构想出这样一个世界，其中人类全都自由地反抗星相对他们的控制，并让自我掌控命运。未来几年里，马基雅维利将继续在这一语境中思索博尔贾生涯的结局，以及星相里是否已经注定了人们违抗命运的可能性。

第七章

出使罗马 8 周之后，马基雅维利于 1503 年 12 月中旬返回佛罗伦萨。在他离开期间，玛丽埃塔生下一个儿子，施洗时取名贝尔纳多以纪念尼可罗的父亲。“他像你一样毛茸茸的，”玛丽埃塔写道，并温柔地补充说，“他和你如此相像，我觉得他好美”。一个叫作卢卡·乌戈利尼的朋友满心欢喜地印证了这一点：“你们家玛丽埃塔可没骗你，他和你简直是一个模子刻出来的。就是莱昂纳多·达·芬奇也不会画得更像。”然而，同以往一样，比亚焦·博纳科尔西提醒他，神经紧张的玛丽埃塔急切地渴望丈夫回来。他 11 月中旬写信给马基雅维利：“你不在她身边她很苦闷啊。”两周之后他又恼怒地叹息道：“老天爷啊，简直没法安慰她让她平静下来。”但马基雅维利丝毫没有赶回去看看妻儿的念头。“自由与和平十人委员会”在 12 月初命令他立刻返回佛罗伦萨，但他却找尽各种借口又在罗马多待了两周。在这座永恒之城中的消遣之一便是在一种叫作雷贝克的弓弦乐器伴奏下与朋友们一起唱歌。

马基雅维利旅居罗马期间并不只对他的妻子和小儿子不闻不问，让比亚焦吃惊的是，他在应付执政团的上司们时也同样漫不经心。11 月，一位执政大人，造纸商安杰洛·图奇，写信给他要求他汇报尤利乌斯二世关于罗马涅的政策。信件仿佛石沉大海，图奇倍感羞辱、勃然大怒。比亚焦说他在执政团会议上大骂马基雅维利“真不是个东西”。更糟糕的是，根本没人出来为马基雅维利辩护。据比亚焦报告，其他执政团成员听到这些谩骂只不过是赞成地点了点头。

马基雅维利终于打起精神做了个回应，他给图奇的信绝对是傲慢犯上的经典之作。先是拐弯抹角地嘲笑这位造纸商的字写得很烂，并且对拉丁文一窍不通，然后马基雅维利毫不掩饰地鄙夷道：我可是身经百战的专家了，在我面前图奇完全是业余货色，他那点儿鸡零狗碎的要求和对公共事务少得可怜的经验实在讨厌得很。比亚焦赶紧提醒马基雅维利可得对市政宫里那些虚荣的老爷们多捧着点儿，“因为谁都希望被爱戴和重视，这也就是你所在职位应该做的。和善的言辞和一点儿提示才是恰到好处的”。但是，马基雅维利看来是无法心平气和地费神容忍这些傻瓜并伪装笑脸了——讽刺的是，他可刚刚从博尔贾那里学了不少诡诈之术。

图奇的谴责并没有对马基雅维利的仕途造成什么影响，回到佛罗伦萨一个月后他再次被任命为第二秘书长。1 月末他又身负重任，第二次出使法国。距他上次出访法国已有三年，查理八世入侵意大利也是九年前的事情了，如今法国人在意大利的命运正陷入可悲的境地。路易十二不仅是法国国王，还要求做那不勒斯和耶路撒冷的王。如果说拿下后者完全是痴人说梦，那么几年之前在那不勒斯他差点儿就得手了。1500 年他和阿拉贡国王斐迪南二世签下《格拉纳达条约》，同意废黜斐迪南的表弟费代里戈四世并瓜分那不勒斯王国。一年后目标轻松达到，但格拉纳达条约条款上的分歧导致双方在1502年夏天打了一仗。法国人起初一路高歌猛进，但到了1503年，著名的“大将军”贡萨洛·德·科尔多瓦给了路易十二的军队两次毁灭性打击，一次是在那不勒斯东北方向七十五英里外的切里尼奥拉，第二次，也是决定性的一次，是在加里利亚诺河岸上。法军在那不勒斯的结局血腥而惨烈。

马基雅维利1504年的这次出访与上述事件直接相关，他要确保路易十二乐意保护佛罗伦萨免遭西班牙人的侵扰。西班牙是意大利的新灾难，因为科尔多瓦挥师北上要为斐迪南国王拿下托斯卡纳。冒着隆冬的严寒，他抵达了在里昂的宫廷，受到老对手鲁昂枢机主教的接待。权倾一时的鲁昂主教听了他的诉求后很不高兴——法国人面对自己的困难已经是焦头烂额，哪里有闲心为佛罗伦萨的命运劳神——但最终安抚佛罗伦萨人的焦虑的还是法国与西班牙停战的消息。问题解决后（虽然只是暂时的碰巧而已），马基雅维利在3月中旬返回佛罗伦萨。然后他的心思又转向了别处：永恒的比萨问题。

* * *

到1504年春，比萨已经独立差不多有十个年头了。反叛者没有一点儿归队的意思，不过，佛罗伦萨在5月难得地打赢了一次，拿下了里帕弗拉塔要塞。他们迅速制定了一系列全力打击叛城的计划，直到里帕弗拉塔要塞里的比萨俘虏们声称比萨城里有两千名全副武装的战士，还有锡耶纳和卢卡资助的五百名步兵与三百名轻骑兵，佛罗伦萨人的战斗意志从来就不高，这下更是迅速萎靡。于是，他们又酝酿了一个机巧的新计划。7月，执政团投票决定开始实施一项大工程：将阿诺河改道，让比萨真正陷入山穷水尽的地步。

对于这次把水利工程引入战争的计划，佛罗伦萨人有过糟糕的先例。1430年为了征服卢卡，建筑师菲利波·布鲁内莱斯基试图在塞尔基奥河上修建一个水坝，希望淹掉周围的乡村，把卢卡人困在湖中央。佛罗伦萨的努力不幸泡汤，卢卡人摧毁了大坝，导致佛罗伦萨的营寨一片汪洋，灰头土脸的布鲁内莱斯基仓皇逃到高处。佛罗伦萨人没有被这一惨痛的经历吓倒，他们为了给阿诺河——比萨人的生命线——改道，决定开凿一条十二英里宽、三十英尺深的运河，把水引到比萨南部六英里外的一片死寂的沼泽里。像卢卡人一样，比萨人将被全方位切断与外界的联系。1430年那次的指导者是伟大的布鲁内莱斯基，而这次的操刀者，因其技术上的杰出才华，声望丝毫不亚于布鲁内莱斯基，此人便是莱昂纳多·达·芬奇。

大约两年前，马基雅维利曾与52岁的莱昂纳多有过一面之缘，当时这位四处游走的艺术大师正在切萨雷·博尔贾的军中担任军事工程师一职。虽然莱昂纳多在佛罗伦萨主要以画家知名，但他一直在军事工程领域有远大的抱负——这真是一个绝妙的讽刺，他可是个鄙视猎人且不忍见鸟儿囚在笼里的素食主义者。1482年，30岁的莱昂纳多离开佛罗伦萨前往米兰，在他身上有一封写给卢多维科·斯福尔扎的信，信中简要介绍了自己的专长、弩炮和加农炮的制作工艺、如何抽干护城河水，以及怎么用隧道和炸弹摧毁要塞（只在信的末尾他才提及自己其实还会画画和雕塑）。接下来的七年他都待在斯福尔扎的宫廷里，设计（但是没能实际建造）军事装备，比如弩、加大装弹量和开火速度的机关枪，甚至还有四轮驱动装有加农炮和金属护甲的坦克。他还研究弹道学，从而使加农炮炮弹可以更精确地命中敌人。在从事所有这些活动之余，他还见缝插针地创作了《最后的晚餐》，并发明了世界上最早的马桶坐垫。

早在1503年夏天，莱昂纳多应该就已开始构思给阿诺河改道了。当时他在河谷做实地考察，与他同行的有一位叫作乔瓦尼·皮费罗的音乐家，是金匠本韦努托·切利尼（当时还是婴儿）的父亲。然后他返回佛罗伦萨，接下来的几个月一直在做关于开掘运河的可行性研究。经过他的研究，预计此项任务要移动约一百万吨泥土，需耗费大约五万四千个工作日并动用多种挖掘机。他设计了图纸，一切计划周详，绝无侥幸心理。他甚至计算出每一筐土从运河底部运到沟边最少需要经过十四人之手。

阿诺河改道计划除了可以使佛罗伦萨征服比萨，还能带来诸多益处，因为它可以增强阿诺河的通航能力，同时也能预防洪水的侵袭，洪水常常毁坏农田，淹没佛罗伦萨。该项目迅速赢得皮耶罗·索德里尼的大力支持，1504年夏天正义旗手成功说服执政团的其他同僚。8月20日，在一千名士兵的保护和炎炎夏日之下，两千名工人翻开了第一铲土，他们每天的工钱是一个卡利诺。要是将这份菲薄的工钱放到时代背景中看的话，一个卡利诺相当于同一个月中一个新手在莱昂纳多家中居住和学徒所缴纳的费用。

此时，莱昂纳多已经离开这个项目转而画画去了。他不光在画《蒙娜丽莎》，还画了一幅表现“安吉亚里之战”的大型壁画，执政团请他将1440年佛罗伦萨人战胜米兰的故事画到“大议会”会议厅的墙上。于是，至少有部分事务落到了马基雅维利头上，他在秘书厅的书桌前，代表“自由与和平十人委员会”与工地监工通信。马基雅维利应该是从一开始就支持运河项目的，他甚至还可能是1503年夏天莱昂纳多河谷考察小组的成员之一。总之，他和莱昂纳多从伊莫拉回来后没多久便展开了精诚合作。马基雅维利在政府中的影响力确保莱昂纳多争取到了市政宫的壁画项目。他在1504年5月签署了莱昂纳多与执政团的合同，他的助手阿戈斯蒂诺·韦斯普奇将一份安吉亚里之战的说明从拉丁文翻译为意大利文，这样莱昂纳多（他不认识拉丁文）便可以开工了。

马基雅维利负责工程的管理事宜，而运河的技术细节则由一名叫作科隆比诺的工程师把控。根据莱昂纳多的计算，科隆比诺有望在一个月内挖完运河，但事态迅速变化，与计划相违。莱昂纳多的研究虽然精彩，但他的计算看来是太过乐观了，很明显地，工程需要投入更多人力。更糟糕的是，工程中还有诸多设计上的缺陷，正是这些缺陷曾让布鲁内莱斯基短命的卢卡大坝看起来像是土木工程界的神来之笔。

开工后的一个月，马基雅维利就察觉到有些不对劲。他已经对科隆比诺的领导才能和性格品质产生了怀疑。“他做人太过内敛矜持，”他告诉一位专员，“无法在这么多人和准备工作中脱颖而出”。到9月中旬，他已经有理由质疑科隆比诺工程专家的专业水平了。这位工程师对莱昂纳多的设计做了诸多改动，这部分是因为马基雅维利在信中一再强调需要加快进度。马基雅维利担心运河两边的坡不够陡，且其沟底可能比阿诺河河床还高。他的担忧不是没有道理，因为到9月底的时候，除非水位高涨否则阿诺河的水根本流不进运河，而当水位下降，水就又流回河床去了。索德里尼为使工程得以继续进行，强迫“八十人咨议会”通过允许继续施工的法令，但那时工程就看来是注定要失败了。据现场的专员讲，工人们干活时“脾气很不好”，而科隆比诺自己则认为成功无望且“怪罪恶劣的环境”。马基雅维利的信件表明，他依旧希望能保住这个项目直到10月的第一周，但是整个工程却结束得那样突然和狼狈，一场猛烈的风暴来袭使得运河两岸崩塌。工程迅速废止，而比萨人则跑来把沟填上了。历史学家弗朗切斯科·圭恰迪尼忧郁地感慨道：“图纸上的计划与付诸实践后的现实之差距岂可以道里计。”

*　　*　　*

最终，阿诺河改道这一灾难性事业共耗资约七千杜卡特，造成八十个工人死亡。它还严重损害了皮耶罗·索德里尼和同僚们的威信。这一奢侈的失败直接后果便是佛罗伦萨的财政危机，而财政危机又导致了一种危险的政治局势。索德里尼无力发动战争，于是希望增加赋税，民情因此而汹汹，“大议会”则拒绝通过执政团提出的税收法案。没有税收，索德里尼就无法给佛罗伦萨最凶残的盟友法王路易十二支付保护费（每年四万杜卡特），而没有路易十二的保护佛罗伦萨将会受制于西班牙人。

1504年夏天西班牙人对佛罗伦萨的威胁已迫在眉睫。马基雅维利在秘书厅接到报告，贡萨洛·德·科尔多瓦聘用的一个雇佣兵队长巴尔托洛梅奥·阿尔维阿诺正带着几千人从罗马向北方进发，意欲“推翻我们的政府，将托斯卡纳置于西班牙的控制之下”。征服佛罗伦萨是西班牙人整个战略的第一步，最终他们要将法国人从米兰驱逐出去。1503年，那不勒斯一役中法国人的惨败让他们的敌人信心大增，他们也因此感到可以帮助斯福尔扎家族恢复公国。由于索德里尼治下的佛罗伦萨是法国的坚定盟友，洛多维科·斯福尔扎的弟弟、枢机主教阿斯卡尼奥指示贡萨洛·德·科尔多瓦推翻佛罗伦萨共和国并恢复美第奇家族的统治。美第奇家族则会为将法国人驱离米兰辅以一臂之力。

正是在这样充满恐惧和流言的气氛中，1504年11月马基雅维利开始创作一首五百五十行的诗作《十年纪》。这首诗用两周写就，记叙了过去十年里“意大利的坎坷痛苦”。那延绵不绝的恐怖与痛苦——马基雅维利的韵律无情地述说着“这些极度残酷而又野蛮的事件”——在末尾被一丝乐观主义纾解：意大利人是能够重新掌握自己命运的，他们必须“重启战神的神庙”。马基雅维利利用这一意象呼吁同胞们放弃无能无信的雇佣兵队长们，转而依靠自己——准确地说就是要组建自己的国民军。这一劝告不仅仅是一种文字上的构想。马基雅维利从开挖运河一事中醒悟，开始将自己的注意力转向拯救全意大利，而不是仅仅挽救佛罗伦萨的伟大事业上。

第八章

紧跟着阿诺河项目失败而来的是比萨人给佛罗伦萨人造成的更大羞辱。3 月份，佛罗伦萨军队在一个无能的雇佣兵队长卢卡·萨韦利的率领下完败于卡佩莱托桥。五十名士兵被一小队比萨人杀掉，还有三百七十人被俘，幸存者在撤退时又遭遇农民的袭击和劫掠。这次失败导致佛罗伦萨粮食进口受阻，使得整个 4 月谷物价格疯涨，随之而来的便是 5 月的饥荒和由此引发的骚乱。

为了解决问题，执政团将马基雅维利派往东南五十英里外的卡斯蒂廖内湖。先前巴廖尼曾经签约为佛罗伦萨而战；但到了 1505 年春，在美第奇家族支持者的贿赂和他的姻兄巴尔托洛梅奥·阿尔维阿诺（一直在帮西班牙筹划侵略佛罗伦萨）的影响下，巴廖尼试图找借口推脱责任，说他需要军队保护自己。马基雅维利向执政团汇报说，他"使出了浑身解数"说服巴廖尼。马基雅维利跟别人说话时总是冷嘲热讽的，对巴廖尼也不例外，大谈他"守信英名"和守信的重要性。巴廖尼则不为所动，拒不出兵。

虽然没能完成这一使命，马基雅维利又被授以全权前往曼托瓦；在这里他和曼托瓦侯爵弗朗切斯科·贡扎加的会谈还算成功。佛罗伦萨再次聘请了埃尔科莱·本蒂沃利奥，他是统治博洛尼亚的家族成员之一。这个 46 岁的雇佣兵队长攻打过威尼斯、热那亚和锡耶纳，有着二十多年的作战经验。1501 年他曾帮助维泰洛佐 · 维泰利与佛罗伦萨为敌，但很快他便改换效忠对象——这是雇佣兵们最出名的特质——率领佛罗伦萨军队讨伐比萨（在此期间他指控妻子芭芭拉通奸并将她囚禁，这让他颇为分心）。

这帮雇佣兵队长们的本性在关键时刻展现得淋漓尽致。8 月初，阿尔维阿诺率包括骑弩手在内的两千人大军突入托斯卡纳。几个月前马基雅维利玩命地奔走交涉，现在看来其成果全部化为乌有，佛罗伦萨人发觉自己让盟友们给坑苦了。当阿尔维阿诺马上就要杀来时，法国人极为短视地以佛罗伦萨晚交了四万杜卡特保护费为由不出一兵一卒，而犯怂的曼托瓦侯爵（他总拿自己得了梅毒作为不参战的借口）则以法国人没有批准他的合同为由拒不出战。所幸，拿下过里帕弗拉塔要塞的埃尔科莱·本蒂沃利奥还是很强悍的。8 月 17 日，他在圣温琴佐堡大破阿尔维阿诺，整支敌军的成员不是被杀就是被俘，他还夺取了阿尔维阿诺的辎重车队和一千匹马。没怎么品尝过军事胜利滋味的佛罗伦萨人面对这场大捷还有点手足无措，他们得意洋洋地把阿尔维阿诺的旗子和头盔搁在“大议会”会议厅展览。

索德里尼和执政团为如此巨大的胜利而欣喜若狂，决定趁热打铁，派遣本蒂沃利奥去攻打比萨。9 月的第一周这位雇佣兵队长便开了个鼓舞人心的好头，用大炮炸掉了一段城墙。但 1499 年让人心碎的一幕又来了，本蒂沃利奥的军队不遵将令停止攻城。又是半途而废，佛罗伦萨再次蒙羞，名誉扫地。

* * *

马基雅维利选择在佛罗伦萨人命运中可耻的衰微时刻推行他的新计划。他深信佛罗伦萨绝大多数的耻辱和苦恼都应该算到这伙雇佣兵队长们的头上。雇佣兵队长们只认得能够换钱的东西，除此之外无论忠诚还是正直他们都没有，而佛罗伦萨却不得不一次次地将自己的命运交到这样一群货色的手里，马基雅维利对这种状况早已愤恨不已。他亲眼目睹了共和国的屡次失败，从保罗·维泰利的临阵变节，到瑞士人的军纪涣散和利欲熏心，再到詹保罗·巴廖尼的两面三刀，以及卢卡·萨韦利的平庸无能，现在又加上曼托瓦侯爵的怯懦畏缩。佛罗伦萨显然不能再依靠这些自私自利为金钱不择手段的家伙们了。但是，这样一来到哪里去为她寻找武装力量呢？

切萨雷·博尔贾的诸多事迹中，让马基雅维利印象最深的便是从充满活力、吃苦耐劳的罗马涅农民中征召、组织起了一支国民兵。博尔贾征召了大量战士来应对1502年雇佣兵反叛的危机。马基雅维利曾在伊莫拉检阅过这支队伍，除了他们那一袭抢眼的深红色与黄色相间的战袍，让马基雅维利深有感触的是激励将士们作战的并非薪水和战利品，而是保卫家园——房屋、农庄和家庭——免遭他人的侵袭。

马基雅维利很清楚，佛罗伦萨也曾有过自己的国民兵。在十二世纪中叶，所有城里和乡下的青年人都要被编入九十五个连队中。危机到来时，政府会敲响那口“警钟”将人们召集起来，他们便披坚执锐投入战斗。曾经流行过各式各样的仪式和传统，其中最古怪的一种便是敲响“警钟”告诉敌人将在一个月内将其击败——一种展现极度自信的传统仪式。此外，人们还相信出其不意击败敌人乃是一种卑鄙的伎俩。但很快人们便清楚地看到，在一个富裕的商业共和国里，公民们并不一定要成为优秀的战士，而且投身于漫长的军事战斗使得他们无法经营自己的生意和农场，甚至还可能牺牲，这便无法服务于国家的经济利益。1260 年锡耶纳城门外的蒙塔佩尔蒂战役中，一小队德意志骑士给了佛罗伦萨人惨烈的打击，造成约四千佛罗伦萨人的伤亡，据说佛罗伦萨每个家庭都因此遭殃。到十四世纪中叶，国民兵制进入衰败期，当佛罗伦萨 1336 年与卢卡开战时不得不花十万弗罗林雇用外国雇佣兵。一个世纪之后，意大利的所有战事基本上都交由雇佣兵队长们负责了。

马基雅维利深信，无论有什么缺点，旧式的国民兵能够肩负起保卫佛罗伦萨人民的自由、创造城市繁荣的重任。早在 1504 年春，他就曾与正义旗手的弟弟弗朗切斯科 · 索德里尼讨论恢复国民兵制度的想法。索德里尼（刚刚荣任枢机主教）对这一提议深表赞赏，认为这是“一件非常必要而合理的事”。那些身居高位之人显然另有打算，他们正钟情于那条倒霉的运河。不过，索德里尼枢机主教劝马基雅维利坚持信念：“不可半途而废，现在得不到的支持也许日后就会出现”。

1505 年秋，时机和支持都来了。很快，正义旗手与执政团便授权马基雅维利开始试探性地招募国民兵。1506 年的第一个礼拜，他一直都在波皮的指挥部中，波皮是卡森蒂诺地区的一座山顶小镇，在佛罗伦萨东部二十五英里处。作为阿诺河上游的谷地，卡森蒂诺是个美丽却又令人生畏的地方，那里陡峭的山陵上蜿蜒着纵横交错的羊肠小道，茂密的松林则是老鹰筑巢的所在以及野猪觅食的场所。此处以一些修道院与神秘主义者名世：圣方济各便是在卡森蒂诺的山腰上接受圣痕的。不过，这里也是土匪和小偷横行的地方，这是一片法外之地，执政团曾有报告严肃地指出："械斗和凶杀每天都在上演"。但马基雅维利正是寄望于这里和西边相邻的穆杰洛山谷的汉子们，他要从他们中间组建起国民兵。

野心勃勃的马基雅维利想募集不少于一万人的队伍。为此，他开始把所有年龄在 18 至 30 岁之间的适龄男丁全都登记造册。新兵被编入三十个连队，每个连三百人；来自同一谷地或相邻村子的几个连组成一个营，由一名管带负责。每十人有一人配备一支火枪，其他人则持矛、弩或者其他武器。连队将在各种节日接受检阅——但是根据规定每年不得多于十六次——而各营每六个月就要接受一次管带们的检阅。为了安抚那些（且有相当多）害怕这群武装起来的暴民的人，队伍纪律极为严酷无情。开小差即可判死罪，而士兵没能参与当地广场上的演练和检阅，其刑罚和死刑相比也只是稍稍轻些而已。这些条款看上去如此严酷，征兵工作得以进行下去靠的是如下规定：凡在马基雅维利军中服役可自动免去任何未清偿的债务及刑事指控。

征兵过程中马基雅维利遭遇了重重困难。首先是 1506 年最初几个星期的天气极为寒冷，河流全部被冻住了。于是，人们在阿诺河上玩起了"卡尔乔"游戏，这是一种充满暴力的原始形式的足球运动。更糟糕的是，他发现穆杰洛和卡森蒂诺的人对佛罗伦萨似乎没有多少爱国热情，因而也就没有什么特别动力为它而战。而且，他们彼此之间也没多少感情。这里的人们彼此积怨极深：马基雅维利发现佩特罗格纳诺的村民们瞧不上附近那些坎帕纳人，坎帕纳人也看不上佩特罗格纳诺人，由于这样深重的成见，他们拒绝编入同一个营服役。微薄的经济刺激也没有激起人们多高的入伍热情。执政团的抠门儿是始终如一的，他们打算在战时每月为这些战士们付三个杜卡特以补贴他们离开家庭和农场的损失，而节日里的游行和演练的辛苦则没有一分钱报偿。

不过，马基雅维利还是以他的能力与效率成功募集了足够的士兵，2 月中旬还在佛罗伦萨进行了一次操练。四百名穆杰洛的农民被运抵城中，他们身着白色马甲、红白相间的袜子、白帽，戴着坚铁胸甲，持火枪和长矛走过市政广场。整个佛罗伦萨都对这支农民军充满了热切的期待。一位评论家写道："这被视为一项对佛罗伦萨最好的安排。"几个星期后，枢机主教索德里尼给他的朋友写了一封道贺信："这种意义重大的事物始自尊手，想必您已获得不小的满足。请再接再厉吧，为它安排个理想的结果。"

4 月，马基雅维利聘请恶名昭彰的唐 · 米凯洛托在其军中担任治安官。这个西班牙人早年在博尔贾罗马涅军队中的组织和维持治安能力突出，这样的安排非常合理。但是，博尔贾心腹中最危险分子的到来还是引起一阵不安。佛罗伦萨人谴责他是"邪恶的怪物""上帝和人类之敌"，唐 · 米凯洛托身上也确实背负着累累血债。他的专长是绞杀，包括维泰洛佐 · 维泰利和奥利韦罗托·达·费尔莫在内的许多人都在他收紧绳子的一瞬丧命。被他杀害的还有卢克雷齐娅·博尔贾的第二任丈夫阿拉贡的阿方索一世，以及教皇亚历山大六世的秘书弗朗切斯科·特洛克。博尔贾征服卡梅里诺后，米凯洛托勒死了它的统治者尤利乌斯·切萨雷·达·瓦拉诺以及他的三个幼子。唐·米凯洛托甚至在弗利勒死过一位鞋匠，只因为他认为此人为一双靴子要价太高。1502年10月，他代表博尔贾征服福松布罗内时，据传人们惧于他的声名，以致许多人宁肯自杀也不愿落到他的手里。

不过，马基雅维利正是将梦寐以求的佛罗伦萨的自由、安全和繁荣托付在这个人身上。唐·米凯洛托受命驰骋在佛罗伦萨保境安民，清除卡森蒂诺的小偷、反贼及形形色色的麻烦制造者。毫不意外，他把这项工作做得有声有色，他派出一百五十名雇佣兵烧毁了一个强盗嫌疑人的房子。执政团很快就下令让他下手和缓一些。不过，他的努力，尤其是马基雅维利的努力，似乎逐渐产生了令人满意的结果：到夏天结束的时候，他的五百将士已经厮杀在比萨的领土上了。

第九章

1503 年尤利乌斯二世上台不久便赢得了“恐怖教皇”的美名。他确实是个狠角色。“无法形容他的强势和狂暴，他难以被掌控，”威尼斯大使如是说，“这位教皇身壮如牛，气势逼人。他的一切都是宏伟的，无论是他的事业还是激情。”某些工程反映了尤利乌斯的大气魄，比如重建“锁链中的圣彼得”教堂（1506 年圣周期间他为教堂奠基），以及雇佣米开朗基罗为自己雕刻坟墓：一座五十英尺高的纪念堂，能够装下四十个真人大小的大理石雕像。

在增强教廷的荣耀和权威上，尤利乌斯也同样有着宏伟的构想。他入主梵蒂冈后的第一波动作之一就是颁布诏书，宣布教会对那些被篡夺的教会领地拥有不可剥夺的权利。他心里尤其惦记着的是罗马涅和博洛尼亚及佩鲁贾的那些城市。两年内，凭着省吃俭用和卖官鬻爵，他积累了约四十万杜卡特的丰厚军费，决意用这些钱招兵买马以实现自己的军事目标。其中一部分钱打算聘用 28 岁的雇佣兵队长马尔坎托尼奥 · 科隆纳，此人是加里利亚诺之战的大英雄，刚刚娶了尤利乌斯的侄女卢克雷齐娅。不过，有一个小问题：科隆纳已经受雇于佛罗伦萨共和国了。执政团可不愿意与他解除合同，因为他正在旷日持久的比萨之战中援助佛罗伦萨。于是，在 1506 年夏天，执政团决定派一名特使前往罗马并拖延时间。尼可罗·马基雅维利被迫中断他的国民兵事业出使“恐怖教皇”的宫廷。

凑巧的是，几乎就在马基雅维利离开佛罗伦萨的同时，尤利乌斯离开罗马踏上征途。8 月 17 日，教皇宣布他要亲自带兵征讨罗马涅的教皇代理人们。“教皇肯定喝多了！”路易十二惊呼道。但尤利乌斯可是言出必行。8 月 26 日，他率领五百重骑兵及几千名瑞士长枪兵离开罗马。随军征战的还有二十六位枢机主教，他们大部分都是梵蒂冈官僚，还有建筑师多纳托·布拉曼特，以及西斯廷礼拜堂的唱诗班。大军队列前面摆放着印有受难与复活场景的圣餐面包。马基雅维利在罗马北部二十英里的内皮加入了这场诡异的远征，然后狐疑地观察着事态的发展。

马基雅维利向执政团汇报称：“没人相信教皇能够达到他的目的。”然而，尤利乌斯很快就再次颠覆了这些怀疑者们的预测。他的第一个目标是佩鲁贾，由巴廖尼家族统治的翁布里亚城市。这里满是背叛和血腥。六年前，巴廖尼家族上演了一场骇人听闻的“血腥婚礼”：在一场持续两周的盛大婚礼之后，25 岁的格里方内特·巴廖尼和他的支持者们屠杀了自己的家族成员。菲利波·巴廖尼杀掉年轻的新郎阿斯托雷·巴廖尼并吃掉了他的心脏。格里方内特很快在街上被詹保罗·巴廖尼杀掉，后者刚刚杀了自己的父亲，并将自己的妹妹纳为情妇。不过，詹保罗和教皇打交道的时候还算温顺。9 月的早些时候，他和尤利乌斯在奥尔维耶托会面，答应了尤利乌斯的全部要求，欣然同意奉上所有要塞并派遣人质。于是，在 9 月 13 日，尤利乌斯和他的枢机主教们赤手空拳地进入了佩鲁贾城。

马基雅维利在1505年会见过这个可恶的詹保罗。如今，他惊惧而又迷惑的眼睁睁地看着尤利乌斯自己将自己交给这个奸邪狡诈又全副武装的暴君手中。马基雅维利为教皇明显的愚勇和后来他所谓的巴廖尼式怯懦感到惊奇。他早就明确地预料到——甚至有些期待——将会目睹一场博尔贾式的骗局，一场暴力与欺骗后尤利乌斯将被杀死。正如他后来所写，他坚信巴廖尼有“完美的机会”杀掉教皇。处死教皇将是一种使其“赢得所有人钦佩的举动，将使其彪炳史册”。他声称这种行为的“伟大”将压倒一切罪行的指控。然而，虽然詹保罗·巴廖尼一贯背信弃义，但他始终没动杀死教皇的念头。[I]

在此事过去很久以后，马基雅维利在作品中认同谋杀教皇，他一度相信自己有正当的理由厌弃尤利乌斯，因为他（带着煞有介事的惊恐）认为此人“决心要毁掉基督教”。不过，此事刚刚发生的时候，他并没有着眼于对谋杀教皇做书面上的辩护，而是在考虑政治上的难解之谜。对尤利乌斯的近距离观察显然启发了他思考领袖才能的要素都有哪些。1503年他曾为切萨雷·博尔贾的倒台困惑，因为博尔贾似乎把一切都做到位了。他现在的困惑在于，这位新教皇好像什么都做得不对。如果真有什么教训可言的话，我们能从这些出人意料的变化中吸取些什么呢？

还在佩鲁贾当政的时候，马基雅维利给正义旗手的时年22岁的儿子焦万·巴蒂斯塔·索德里尼[①] 写了一封长信。这封信是

---

① 原文有误，焦万·巴蒂斯塔·索德里尼（Giovan Battista Soderini）是皮耶罗·索德里尼的侄子而非儿子。

他长期“奇思妙想”的扩展——大约写了一千二百字——论述了有关“人的行动及其行事方式”的问题。他写道：历史表明，顺着许多路线航行可以达至同样的目的，以不同的方式行动也能导致同样的结局。以“豪华者”洛伦佐为例，他曾为维护自己的地位而解除了佛罗伦萨人民的武装，但在博洛尼亚则恰好相反，乔瓦尼·本蒂沃利奥正是靠全民皆兵才达到了同样的目的。不过，在马基雅维利思考中居于首位的还是尤利乌斯二世的行动，“此人行事毫无准谱”，但他却靠着横冲直撞得到了“就算以组织和武力都难以获得的东西”。

马基雅维利承认，他对这些行动与结果之间的千变万化感到茫然不解。“为何不同的行动有些时候同样有益，而有些时候同样有害，原因我不知道，”他向焦万·巴蒂斯塔坦言，“不过我很想知道。”接着，他继续向这位年轻人吐露自己的见解。他写道：“我认为正如自然创造人，面目各不相同，她也把他们造得在智力和想象力方面各不相同。结果，每个人依凭其智力和想象力而行动。”有人生来残忍，而有人生来驯良；有人生性莽撞，有人精打细算。那些才能与时代脉搏契合的人，他们的成功是不言而喻的，而与时代格格不入，就注定失败。马基雅维利写道：“确切地说，每个明智到足以去适应和理解时势的人，总是会有好运气，让自己远离厄运。”

倘若那时焦万·巴蒂斯塔·索德里尼正在期待一篇论述如何最好地理解并适应时势的论文，那他一定大失所望。马基雅维利并没有试图通过某种研究，比如，对比佛罗伦萨和博洛尼亚之间社会和政治状况的不同来解释“豪华者”洛伦佐与乔瓦尼·本蒂沃利奥的行为，他只是点明了千差万别且本性难移的人们有着不同的行为模式。“人无法克服自己的本性。”他写道，因此他们的行动必然要遵循其本性设定的轨道。人非但不能使自己的行为适应时势，而且他们“也无法改变他们的想象力和行为方式”。马基雅维利告诉焦万·巴蒂斯塔：人在判断时势并由此改变自己的行动上是极其无能的。像尤利乌斯二世这样莽撞的领导者从来只能蛮干。只有当时代需要冲动和草率——且在某些幸运的巧合下——他才会成功；但是一旦谨慎与节制成为主流，失败便随之而来。

在早期与巴托洛梅奥·韦斯普奇关于星相问题的通信中，马基雅维利就已经持有这种绝望的宿命论观点。后来韦斯普奇要他相信，明智的人是有能力选择或者改变其行动模式的，“改换自己的步伐，一时这样，一时那样”。两年后的马基雅维利不认同这种看法：如果人真的能够采取恰当的行为方式，“那也只是因为明智的人能够支配自己的星宿和命运，但这种明智的人并不存在”。在写给焦万·巴蒂斯塔的信中，他就是如此悲观地总结的。人类本性绝不可能有任何改变或矫正，这是人的根本局限。

焦万·巴蒂斯塔可能会对这些论点抱以惊讶和怀疑态度。马基雅维利关于人的见解不仅迥异于当时像韦斯普奇这样的占星家们，同样也与当时大多数的神学观点与哲学思考不合。有很多思想家相信明智之人有能力运用理性抗拒他们本性的倾向性，阿奎那不过是其中之一。不过，与马基雅维利对人的看法最为不同的，要数若望·皮科·德拉·米兰多拉，他在1486年首次出版的《论人的尊严》一书中给出了雄辩论述。皮科提出，人是造物主最神奇的造物，因为与其他生物不同的是，人类完全不受自然法则的限制。上帝给了人类自由和能力去探寻自己本性的样貌。“啊，这是人类何其奇妙和无与伦比的幸福！”皮科慨叹道，“人被准许拥有自己选择的，成为自己想成为的。”[II]马基雅维利则强烈地否定人类的这种振奋人心的自由，相反，他将人置于一个必然性的牢笼里，只容许他受到自己本性专横地摆布。

这一残酷的甚至是愤世嫉俗的哲学不如皮科的看法诱人，但每当马基雅维利沉思“人的行动及其行事方式”时，总是会以此为落脚点。1506年，尤利乌斯在佩鲁贾的胜利令人匪夷所思，马基雅维利由此而引发的思考并没有转瞬即逝，他的人本性不能改变的观点将在多年后再现，出现在他一系列最有名的著作中。

* * *

尤利乌斯二世的军事行动并没有止步于佩鲁贾。在佩鲁贾停留一周后，教皇和他的随从开赴博洛尼亚，那是另一块他想收回到教会控制之下的反叛封地。乔瓦尼·本蒂沃利奥心急火燎地向一位年轻的占星术士卢卡·高里科咨询，想知道等待着他的是什么样的命运。星相没有显现出好兆头，本蒂沃利奥便用“捆切刑”折磨高里科，这种酷刑是用绳子将被害人胳膊紧紧捆住，在一个杠杆的作用下绳子会越勒越紧切进肉中直至骨头。虽然如此迫害，但星相仍旧没有预示什么好事，本蒂沃利奥和他的儿子们知道大势已去，便弃城逃到米兰去了。11月10日，尤利乌斯二世率军抵达,接管空城,举行了盛大的庆功仪式。这位“恐怖教皇”旋即又获得了一个新称号“战神教皇”。

这时，马基雅维利已经返回佛罗伦萨，他在罗马教廷待了差不多两个月。回来时，他应该是对能否继续进行国民兵计划和在秘书厅任职捏着一把汗的。10 月初，他便收到比亚焦 · 博纳科尔西的消息，说阿拉曼诺 · 萨尔维亚蒂骂他“流氓”，而马基雅维利的《十年纪》就是题献给那位的。据说，萨尔维亚蒂评论道:“自打我成为‘自由与和平十人委员会’一员，我从没把任何事情托付给这个流氓。”然后，他“以比这个口吻好不了多少的语气”继续发言。萨尔维亚蒂的准确用词是“下流”，这个词既是流氓、恶棍的意思，也含有出身卑贱的味道，因为“下流”这个词的字面意思就是低贱的步兵，这或许是在尖刻地指明马基雅维利较低的社会出身。

萨尔维亚蒂出身于佛罗伦萨银行家中的富裕家族，是一伙被称为“权贵”的贵族里最重要的成员（“权贵”，ottimati，这个词来自拉丁文“贵族派”，optimates，意为“最优秀的人”，指的是罗马共和国晚期的一个贵族派系）。像萨尔维亚蒂这样富有和社会地位优越的权贵，深信“大议会”已将他们拥有的权力转移到了下等公民那里。1502 年，萨尔维亚蒂和他的朋友们支持皮耶罗 · 索德里尼（索德里尼和他们一样，来自一个富有且有名望的家族），是希望他作为终身正义旗手能够代表他们的利益，给他们在政府里带来更多显赫而有影响力的职位。到 1506 年，这些愿望大部分已破灭，萨尔维亚蒂和一干其他权贵转而反对正义旗手。马基雅维利卷入这场派系斗争是因为他被——相当正确地——视为索德里尼的朋友或者同盟，很多权贵甚至开始把他称作正义旗手操纵的“走狗”。

虽然有派系斗争，但反对马基雅维利国民兵计划的声音近几年来明显减少减弱。他不仅继续担任第二秘书长，而且在12月6日，“大议会”以841票对317票通过了一项任命，任命他为佛罗伦萨“国民军九人军事委员会”这一新的秘书。这个机构的职责是训练一支一万人左右的军队，并为其配备火枪、长矛和铁制胸甲。马基雅维利很快就返回到那些山岭和河谷中，集结那些强悍的勇士们去创造一番事业，枢机主教索德里尼称他们是“天赐神兵”。

第十章

1507年春，西班牙对意大利的威胁似乎刚刚退散，另一个外国侵略者又虎视眈眈了。1493年，哈布斯堡家族的马克西米利安一世当选神圣罗马帝国皇帝。神圣罗马帝国包括了欧洲中部的一大片土地，从1273年起哈布斯堡王朝便断断续续地统治着那里。正如伏尔泰后来所评论的，“神圣罗马帝国”既不神圣也非罗马，更不是帝国。如果要追溯它的起源，那应该是公元800年的圣诞节，查理曼在罗马的圣彼得大教堂由教皇利奥三世加冕成为皇帝。为延续这项传统，所有神圣罗马帝国的皇帝均由教皇加冕。马克西米利安的父亲腓特烈三世于1452年在罗马由教皇尼古拉五世加冕，虽然腓特烈1493年就死了，但马克西米利安始终没有从因斯布鲁克前往罗马完成他自己的加冕礼。不过，到了1507年，他终于开始筹备这场迟到的旅行了。

有关马克西米利安计划的传言同时引起法国和意大利的警觉。他要到罗马去就得穿过伦巴第，法王路易十二可有一万个理由担心。作为加莱亚佐·马里亚的女儿比安卡·玛丽亚·斯福尔扎的丈夫，马克西米利安是要以加冕为幌子进入意大利并将法国人从米兰赶走。作为法国的盟友，佛罗伦萨深感自己有被卷入大战的危险，那可不比讨伐比萨这种小打小闹。执政团决定派出特使前往帝国宫廷，打探马克西米利安的能力与意图。在皮耶罗·索德里尼的影响下，马基雅维利在6月19日接到任务，但一个多星期后他的任命状又在权贵们的干预下撤销，他们要用自己的人换下这个索德里尼的不友好的走狗。弗朗切斯科·韦托里，一个有着贵族血统的年轻人，接到了委派。

马基雅维利对这种轻蔑一直耿耿于怀，他的一位朋友甚至为此足足开导了他一个月。不过，免去这个差事至少能够使他把夏天的大部分时间用于募集军队。距他第一次前往卡森蒂诺已有一年半，还有很多事情要处理。虽然唐·米凯洛托让各个营"秩序井然、军纪严明"，负面消息还是开始流入佛罗伦萨。先是葡萄园的酒被偷，又有十几个醉醺醺的士兵在酒馆撒疯。于是，"自由与和平十人委员会"下令对领头人严刑伺候并将其投入监狱。还有许多士兵未经许可就一走了之（对一名逃走的弓箭手，唐·米凯洛托宣称"我要用剑戳穿他的心脏"）。最糟糕的是，有报告称唐·米凯洛托自己就不守军纪、自由散漫，比如，他曾在卡斯特罗卡罗的一所房子里持械斗殴。"我要站到上帝面前让他来判断"，唐·米凯洛托还给马基雅维利写了一份自信满满的自辩书。但马基雅维利马上开始物色他人来代替这位堕落可耻的治安官。唐·米凯洛托几个月后被解职，又过了几个月，在一次少有人知的行动中，唐·米凯洛托死于米兰的一起小冲突，一个不知名的刺客了结了他。

到了12月份，又一次出使马克西米利安宫廷的机会摆在马基雅维利的面前。索德里尼说服执政团的同僚们相信韦托里身边确实需要一个副手，因为这位懒惰而无能的年轻人发回的报告实在毫无用处。12月中旬，马基雅维利启程前往波尔查诺，马克西米利安的宫廷正驻扎在这座蒂罗尔区的城市里。虽然道路崎岖、天气不好，他还是选择了一条经过日内瓦和康斯坦茨的曲折路线（这为旅途增加了几百英里）。瑞士的步兵是欧洲最好的。怀着对瑞士的好奇，马基雅维利想利用这次远途旅行一探究竟。他在瑞士待了四天，考察了“他们是何种人又是如何生活的”。如果说在瑞士很忙，那么在康斯坦茨则颇为闲适。在这里他拜访了弗拉芒作曲家海因里希·伊萨克，他是在“豪华者”洛伦佐的宫廷里认识这个人的，伊萨克曾在洛伦佐的宫廷担任风琴手和唱诗班指挥。马基雅维利对艺术并无太大兴趣，音乐是少有的例外之一；不过，作为一个荤段子高手，他肯定更喜欢伊萨克的《狂欢节之歌》——这是为狂欢节的露天广场活动而谱写的组歌——而不是弥撒曲和赞美诗。

最终，马基雅维利在 1 月的第二周抵达波尔查诺。佛罗伦萨方面相信侵略在即，因此指示马基雅维利和韦托里开展金钱外交：给马克西米利安一大笔钱换取他不侵犯佛罗伦萨疆域和财产的承诺。他们被授权最多可支付给皇帝五万杜卡特，但必须在非常确定他肯定会入侵的情况下方可。马克西米利安的意图很难揣摩，特别是这位 48 岁的统治者自己都不太清楚自己想干什么。在马基雅维利看来，这个拿石榴做个人徽章纹样的人，实在平凡无奇。相比于切萨雷·博尔贾和尤利乌斯二世，他在马基雅维利眼中是个极为优柔寡断和无能的统治者。马基雅维利向执政团报告说，马克西米利安就是那种“任何意见都会影响他的人”。

很快马克西米利安就将自己的无能展现得淋漓尽致。2 月，维琴察的威尼斯人拒绝皇帝的部队通过他们的领地，不耐烦的皇帝与之开战。在巴尔托洛梅奥·阿尔维阿诺的率领下，威尼斯人很快就将皇帝击败，甚至还夺走他的许多领土。到了6月份，马克西米利安屈辱地签下了一份为期三年的停战协议。北方的威胁就这样被出人意料地化解了。给意大利带来灭顶之灾的是下一个皇帝，他远比马克西米利安骁勇善战、野心勃勃。

* * *

1508年6月中旬，马基雅维利返回佛罗伦萨，他忍着胆结石造成的剧痛，立刻继续投入到国民兵事业中去。那年夏天，他的部队受命前往比萨乡村进行一年一度的“破坏行动”，与持鹤嘴锄的农民们一起破坏田地和葡萄园。他们的破坏行动被要求不遗余力、残酷无情。皮耶罗·索德里尼8月份指示他说：“最后应尽量做到寸草不留。”

除了毁坏比萨人的庄稼，佛罗伦萨人还希望封锁城市，以饥饿使比萨人屈服。新计划似乎比莱昂纳多惨败的运河工程容易得多。佛罗伦萨在比萨的下游格拉多的圣皮耶罗（那里是传说中的圣彼得初次降临意大利的地方）建起了一个工事，以使食物及其他补给不能从海岸运到城市。比萨人想用一条名叫“死河”的运河运输物资以绕过封锁，佛罗伦萨人便聘请了建筑师老安东尼奥·达·桑加罗，在“死河”上筑起一道木坝。马基雅维利和他的国民兵接下来的任务便是保护这两个工事免遭比萨人破坏。“自由与和平十人委员会”提醒他：“我们可把这么要紧的任务全交给你了。”1509年的2月，当发现马基雅维利率领一千人马亲身涉险驻守在“死河”河口时，“十人委员会”颇为焦虑，敦促他快去相对安全的卡希纳的佛罗伦萨营地一带。“我知道，呆在营地不会太劳累、危险，”马基雅维利回信说，“但是如果我想避免危险，那我根本就不该离开佛罗伦萨。”

马基雅维利在阵地上的英勇在别处也引起了不安，不过是因为完全不同的原因。负责督察对比萨作战的专员尼可罗·卡波尼对于他没有接到这位第二秘书长的报告颇为不满。2月底的时候，比亚焦便忧心忡忡地告诉马基雅维利，那位卡波尼可是“对你不给他写报告满腹牢骚和四处抱怨”。卡波尼35岁，其家族是佛罗伦萨最高贵的几个家族之一，权贵们对索德里尼和马基雅维利根深蒂固的敌意可能影响了他。即便如此，比亚焦还是不能理解，他那在其他方面那么聪明的上司，看上去要么是不懂得怎么安抚他的对手，要么是不明白这样做的必要性。“更强大的必定有理，”他笔意明确地写信给马基雅维利，“你必须表现出敬意。因此你需要耐心一点，知道如何看人下菜碟……其实一两封信就能哄住他，根本费不了多大劲。”但是，正如对待那个不满的造纸商安杰洛·图奇一样，马基雅维利表示不愿或无法用恭维与奉承来麻醉敌人，他就是无法对他们溜须拍马。正如他自己曾经写下的：“人是无法掌控自己的本性的。”

马基雅维利从他自己与卡波尼的不和中学到的是（正如皮耶罗·索德里尼写信宽慰他的那样）“伟大而优秀的事业总是吃力不讨好的，这就是这个世界的行事方式”。索德里尼是在2月底写下这句话的。很快，在接下来的几个月里，封锁便发挥了它毁灭性的功效。正是农耕季节，很多士兵要褪下戎装回到田地里耕作，马基雅维利的军队减少了三分之一。但由于只有很少的谷物能够绕过封锁，到春天时许多比萨人因饥饿而死。比萨人终于屈服，他们派出使节到佛罗伦萨，于6月初签署了投降协议，为十五年的战事画上了句号。

马基雅维利出席了在市政宫的签约仪式，他的名字列在第一秘书长阿德里亚尼旁边。正在签署协议的时候，一只鸽子穿过窗户，飞过“自由与和平十人委员会”的头顶，然后撞向墙壁摔下来，死在“十人委员会”的脚边，但这仍被视为一个吉兆。“虽然很多人认为此事没什么神秘的，”马基雅维利的一位同时代人说道，“不过，‘十人委员会’刚刚签署协议，鸽子就飞向他们仍旧是件好事情……宗教人士说那是上帝的旨意。”

不管它们来自上帝还是什么地方，这类征兆在很多佛罗伦萨人心目中占据高位。鸽子是一种特别能引起共鸣的象征，因为在一个一年一度的宗教仪式上，佛罗伦萨人都要用一种人造的鸽子来预测佛罗伦萨的命运。每年的复活节，一只机械鸽子会被放出，沿着一条绳子在圣母百花大教堂的人群上方划过。用从耶路撒冷圣墓教堂取来的石条将一团火点燃，那个长着翅膀的小东西被点燃后，要去引燃绳子另一端那一车的烟火。如果鸽子完成了这一切，点燃了焰火，则预示着大丰收，而如果鸽子没能完成任务就说明前景堪忧。

佛罗伦萨到处都显现出这样的预兆，特别是在危机出现的时候。人们普遍相信早就有一道闪电预告了“豪华者”洛伦佐的死，当时闪电击中了布鲁内莱斯基建造的雄伟的圣母百花大教堂圆顶上的一个灯笼亭，大理石在街道上碎了一地。就在同一天，

1493年的4月5日，两头被关在市政宫后面围场里的狮子——共和国自由的象征，人们总是焦急地观察它们的行为以寻找城市命运的线索——打斗得极为惨烈以致全都死去。“我要完了！”洛伦佐在知道这些事情后大叫道。果然，三天后他就死了。查理八世1494年入侵意大利时也同样出现过一些预兆，马基雅维利的一位朋友、历史学家弗朗切斯科·圭恰迪尼称之为“天上的信息”：佩鲁贾的天空中出现了三个太阳；雕塑及其他圣像“在众目睽睽下冒出汗来”；女人产下人形怪兽。圭恰迪尼写道，人们惊讶的倒是彗星怎么还没出现——“那是一位传告王国和国家变故消息的信使，从来准确无误”。

马基雅维利如何解读诸如闪电和彗星之类的预兆呢？这位善于嘲讽的人性观察者，和许多人一样，非常愿意相信通过问卜可以推知未来。他对历史事件的透彻观察常常与这些盲信的想象混在一起。多年后他写道：“在一个城邦或地区，从来没有什么重大事件不是已经有预言者或者神启或者异兆或者其他天象征兆预示过的。”他坦言不懂为什么这些天启会发生，但他认为这可能是因为“这片天空充满着神灵”。这些神灵对人类怀有怜悯，所以它们用闪电、彗星和怪物出世等征兆有益地提醒着人们，好让人们能够准备防卫即将到来的灾难。[1]

由于相信神灵和天象，马基雅维利在1509年6月为确定佛罗伦萨专员进驻比萨的最佳时刻咨询了一位占星家。拉坦齐奥·泰达尔迪是马尔西利奥·费奇诺的学生和朋友，精于预测彗星和天文计算。他给出了相当有用的精确答复。在观测过天象之后，他告诉马基雅维利，专员们“早晨6点30之前绝不能进城，如果可能的话他们应该在7点一过进城，那对我们而言将是最吉利的时刻”。马基雅维利传达了这一信息。于是，专员们便按照这一设定的时间于6月8日进入比萨，第二秘书长和国民兵中精干力量随侍两旁。几个小时后，有人骑马带着橄榄枝回到佛罗伦萨。狂欢随即开始：商铺歇业，篝火燃起，市政宫塔楼上响起一万七千下钟声，那是雄狮钟的声音。真可谓是普天同庆，甚至一些修道院都买来火药燃放焰火。正如阿戈斯蒂诺·韦斯普奇所言：“每个人都兴高采烈几近疯狂。”

如果说就在几个月前马基雅维利“伟大而优秀的事业”还在遭遇白眼，如今比萨的投降则使他沐浴在了慷慨而热烈的感激之中。他的国民兵事业为他带来了极大的荣誉，佛罗伦萨的一位军事专员卡菲利波·萨韦基亚给他写信，称他的努力对这场胜利“发挥了极为重大的作用”。萨韦基亚随后邀请马基雅维利到他乡下的庄园做客：“我为你准备了一大堆鳟鱼和喝不完的佳酿。”甚至阿拉曼诺·萨尔维亚蒂的态度也缓和了起来，给“亲爱的尼可罗”写了一封情意绵绵的信，送上他最深情的祝福。这是马基雅维利生涯中最辉煌的时刻。然而，即使是这个时候，对于有心人而言，上天还是显露出了某些凶兆。

第十一章

根据弗朗切斯科·圭恰迪尼的看法，意大利史上黑暗的一章将在1509年掀开。“从此之后，意大利人在意大利各处遭遇了最为残酷的事故、无尽的谋杀、众多城市和市镇的陷落和毁灭、敌友不分、肆无忌惮的军事行动、宗教冲突、神圣之物被打翻在地踩在脚下。”圭恰迪尼毫不迟疑地指出罪魁祸首，“这些麻烦全部源自于威尼斯元老院行事莽撞而又狂妄。”

1509年，无论在意大利还是意大利之外，威尼斯人都是一支极其强悍的力量。1503年，他们趁着切萨雷·博尔贾时运不济起家，夺取了包括拉韦纳、法恩扎和里米尼在内的十几个罗马涅要塞，在教皇尤利乌斯二世看来这些都是教廷的合法财产。这些堡垒后来都归还教廷，但威尼斯人却拒不归还他们侵占的其他财物。尤利乌斯冲着威尼斯使节咆哮道：“我一刻也不会放过你们，直到把你们搞垮，变回穷渔民为止！”[1]

1508年，威尼斯人击败马克西米利安之后不久，一个让威尼斯人低头的机会便出现了。虽然马克西米利安刚刚与威尼斯签订了和平条约，但他马上就开始和法王路易十二一起策划颠覆威尼斯共和国，法王也一直希望能为米兰公国夺回一些城市，比如克雷莫纳和贝尔加莫。1508年12月10日，他们的代表同教皇代表以及阿拉贡的斐迪南的代表签署条约结为“康布雷同盟”。根据条约的秘密条款，来年春天将发动对威尼斯的战争。次年4月中旬，法国相当守信地向意大利派遣了一支三万人的军队。两个多礼拜之后的5月14日，他们在位于米兰和贝尔加莫之间的阿尼亚德洛完败威尼斯军队。康布雷联盟很快就拿下了他们希望得到的城市，几乎一夜之间，威尼斯人在意大利本土几无立锥之地。不可一世的威尼斯人确实被打成了“穷渔民”。

佛罗伦萨没有加入康布雷同盟。他们只是运用一贯的金钱外交，分两期付给路易十二五万杜卡特，又分四期付给马克西米利安四万杜卡特。1509年11月，马基雅维利带着给马克西米利安的一部分款项北上九十英里前往曼托瓦，“自由与和平十人委员会”指示他观察皇帝的军事实力并打探其意图。几周后他来到被马克西米利安利用所谓继承权接管的维罗纳，继续收集情报。好情报是很难获得的。他在给佛罗伦萨贵族路易吉·圭恰迪尼（弗朗切斯科·圭恰迪尼的大哥）的信中称：“我在这里孤立无援，因为我们对任何事都一无所知”，“不过，为了表明我还活着，我幻想着自己写信痛骂十人委员会。”

这样的幻想看来还是必要的。马基雅维利刚刚收到比亚焦的警告，“如果你以前勤于汇报，那你现在也应该如此来让那些座位上的人闭嘴。”“座位上的人”指的是马基雅维利的那些安逸的批评者们，即权贵们和其他对他不满的人。这个表述无疑是在说那些市政宫里坐在椅子上，为自己的地区或行业利益代言的代表们。但它也可能指范围更广的一群人，即那些佛罗伦萨广场上满腹牢骚的家伙们。很多富有的商人在他们的店前造了木质条凳，面对着广场，歇业的时候他们就露天坐着社交、辩论、传小道消息。比亚焦提到的座位上的人，看来可能是指马基雅维利的行为也成了这些即兴讨论的主题。虽然马基雅维利在国民兵事业上大获成功，但是，批评者们扳倒这个索德里尼走狗的决心好像更坚定了。比亚焦 12 月对他说："你的敌人到处都是，且绝不会善罢甘休。"趁着马基雅维利不在佛罗伦萨，他们已经在暗中发动了反对马基雅维利的运动。

这场运动的第一枪在圣诞节前一周打响，一个蒙面人出现在公证员面前，检举马基雅维利因为某些涉及他父亲的问题而不再适合担任公职（这里，比亚焦因为太过急于向马基雅维利报告这场阴谋，表述模糊得让人着急）。贝尔纳多可能是有些不检点之处涉嫌违法，尽管更多可能是财务上的问题：比如，假使贝尔纳多去世时欠了政府的税款，那么他儿子担任公职的资格便确实会有问题。比亚焦认为法律是站在马基雅维利这边的，但是"那些想要对你不利的人会用各种方式肆意发挥并做出诸多恶意的解释"。

马基雅维利的困境成为 1509 年最后一周佛罗伦萨的话题，比亚焦称"大街小巷乃至妓院里都在谈论此事"。比亚焦敦促他要保持高度的警惕，他说"时代的本性"和许多人"对此事的谣言极感兴趣并四处扩散"的事实说明，马基雅维利急需"很多人帮助和毫无懈怠的小心"。马基雅维利再一次懊恼地反思着，他不知疲倦地四处奔波何以如此悲惨地招致恩将仇报，而比亚焦则又在思考为何他的朋友骨子里就是不能安抚好他的敌人们。

*　*　*

即使针对他的阴谋在佛罗伦萨的势头愈加强大，马基雅维利还是在维罗纳偷闲取乐。他给路易吉·圭恰迪尼论述他最钟爱的哲学难题："在同样的情况下，命运女神如何给人类带来了极为不同的结果。"不过这一次，他在信里并没有就政治目的与手段问题旁征博引，而是讨论了性事的愉悦与苦恼。

圭恰迪尼曾给马基雅维利写过一封信，解释为什么（经马基雅维利巧妙的改述）"你与女伴还没做完，就想着再来一次"。然后，马基雅维利接着以自己的例子向圭恰迪尼解释为何相似的情况会产生截然不同的结果。随之而来的便是一个淫秽且不可思议的故事，马基雅维利说在维罗纳，一个给他洗衣服的女人（一个"老娼妇"）借口要给他看几件或许他会买的精美衬衫将他带进了她的房子里。不过，她没有展示什么衬衫，而是另外一种完全不同的"商品"：一个女人"用毛巾半遮着头和脸"。他在黑暗中与这位神秘的女人独处一室。"带着绝望的饥渴我还是那样做了"，他说道，"完事之后，我想看看这件商品。我从屋里的壁炉中取了一段燃烧的木柴，去点壁炉上面的一盏灯，几乎把灯打翻才点着。"

圭恰迪尼肯定要花很长时间才能从马基雅维利考究的人文主义情怀中找到这个粗鲁段子的笑点何在。等灯光亮起，很自然地，他发现那个女人奇丑无比：头发灰白几近谢顶，且布满了虱子和虱卵，她的眼窝里充满浑浊的泪水，还有一张没牙的扭曲的嘴正流着口水。"她开口的时候，呼出了那样一种恶臭，"他写道,“我的眼睛和鼻子——两处最敏感的感觉器官——大受其害,我的胃变得愤怒,简直无法忍受这种凌辱。”如此奇遇让马基雅维利吐了那位可怜的人一身,然后仓皇逃走。

乍看起来,在这段不体面的故事里,“马讥雅”是在用自己的下流段子和不正经的小智慧给朋友取乐。其实,这段故事不仅“受惠于”妓院,同样也能在图书馆和书店中寻到渊源,因为在关于荡妇、老鸨和古怪肉体的滑稽故事里已有它的先例,而那种令人痛苦的哄骗在许多中世纪的讽刺作品中也有踪迹,例如乔万尼·薄伽丘的《十日谈》。这同时也是一个悠久的厌女文学传统的一部分,从尤维纳利斯《讽刺诗》中的咒骂开始到薄伽丘的《大鸦》并延续至后来一些作品,比如乔纳森·斯威夫特的《女化妆间》,诗中讲述了一个尚未梳妆打扮的女性肉体散发的恶臭及其他种种恐怖吓软了兴冲冲的男人。不过,撇去故事的淫秽与粗鲁,我们不难看到马基雅维利的创造力,在较为闲适的日子里,他漫不经心地尝试将某些念头打磨成各式各样更为精致和耐读的文学作品。

这封给圭恰迪尼的信以一条奇异的附注结束。马基雅维利告诉他的朋友,等他返回佛罗伦萨他想拿些钱出来做点小生意。他写道:“我考虑过办养鸡场。”马基雅维利成了穿梭于鸡群的饲养员,这恐怕会和维罗纳丑女人的故事一样让圭恰迪尼捧腹不已。

* * *

1510 年初,虑及法国对意大利的控制日渐加深,尤利乌斯二世与威尼斯媾和一处，康布雷同盟分崩离析。3月，教皇与瑞士各行政区签了一份为期五年的条约，对方同意为他提供六千名士兵保卫教廷利益。这下他的腰杆儿可硬了，“战神教皇”打出了勇猛的战斗标语：“野蛮人滚出去”。所谓“野蛮人”指的是一切非意大利人，更具体而言是法国人。到春天的时候，形势已经很明朗了，一场针对路易十二的大规模军事行动——包括了威尼斯、瑞士和教廷——行将开始。

在这样剑拔弩张的气氛中，佛罗伦萨同往常一样再次处在了一个微妙的位置上。皮耶罗·索德里尼无论是在政策上还是情感上毫无疑问都是支持法国的，但他也非常不愿与教皇为敌。佛罗伦萨决定循例，继续骑墙，左右观望。6月底，佛罗伦萨派出马基雅维利前往路易十二的宫廷，希望能为自己的模棱两可做一番辩护。枢机主教索德里尼还希望第二秘书长要“竭尽全力使那位君主（路易十二）能够与教皇陛下和睦相处”。这可真是责任重大，俨然是个不可能完成的任务。

此时也正适合马基雅维利离开佛罗伦萨。自打1月初从维罗纳回国，他就一直在圣米尼亚托附近招募国民兵；圣米尼亚托位于沃迪尼沃偏北部，也是佛罗伦萨与比萨的中间地带，盛产松露。不过，对马基雅维利的污蔑可没消停。5月，一封针对他的匿名检举信被送到“公安八人委员会”手里。在佛罗伦萨有许多被称作“鼓”或“真理之口”的容器，它们遍布在城市多个交通便利的地方，包括市政宫的南外墙；这封检举信可能就是被放到了某个这样的地方。1476年，马基雅维利的好友莱昂纳多·达·芬奇便因一件此类“公开举报”而遭殃，他被控鸡奸一位17岁的男孩。对马基雅维利的控告也是差不多的路数。一个“真理之口”里的陈述是：“尊敬的公安八人委员会，特此向你们通告，贝尔纳多·马基雅维利之子尼可罗，与被称为‘里恰小姐’的卢克蕾蒂娅肛交。调查一下她，你们将知道事情的来龙去脉”。

在佛罗伦萨卖淫是合法的——官办的妓院与教堂紧紧相邻——但鸡奸不是。佛罗伦萨因为这种被萨佛纳罗拉称作“极为恶劣的罪行”而臭名昭著，甚至在德意志俚语中“佛罗伦萨人（Florenzer）”就是鸡奸犯的意思。1432 年至 1502 年间，佛罗伦萨成立了一个特别机构，专门甄别和起诉鸡奸者（大部分被侵犯的人是男孩而不是女人）。这个被称为“修道院特设晚间道德督导小组”的机构，在其七十年的运转过程中起诉了超过一万人。处罚因侵犯者的犯罪记录而异。最常见的处罚是罚款，但在萨佛纳罗拉权势如日中天时，初犯者往往会被示众，即将其手脚捆住吊在警署监狱的墙外，他的帽子会被放在地上，接受过往行人们扔下的钱（和唾弃），脖子上还挂着一块告示牌诉说他的罪状；再犯者将被拴在一根柱子上，犯三次的就要上火刑柱了——不过，在萨佛纳罗拉统治时期也只有一个人真的被处死。[II]

先不管鸡奸与否，马基雅维利确实认识这位“里恰小姐”（“鬈发”的意思）。大概她就是那个在马基雅维利第一次出使法国的时候在丽人桥边“无花果绽裂着”等他的人。不管怎么说，马基雅维利还将会和她继续保持至少十年的密切交往，这样的亲密关系表明应该不是“里恰小姐”自己控告马基雅维利。这次检举不过是马基雅维利的敌人们对他又一次的抹黑，从而想动摇他在秘书厅的位置。指控不了了之，但有人怀疑这件丑闻导致了更多的流言蜚语“流布于街头巷尾”。有人也怀疑，当比亚焦劝这位四面受敌的朋友需要谨慎、小心地对付敌人时，他所想到的并不仅仅是马基雅维利对妓院的流连。

* * *

这位丑闻缠身的第二秘书长于6月底启程前往法国，7月7日抵达里昂。虽然强势的鲁昂主教六周前已过世，但谈判却并未因此减少半点困难。马基雅维利刚刚到达便受到路易十二的召见，他想知道，要是——这似乎是板上钉钉的——教皇军队真的打进了法国在意大利的领土，佛罗伦萨会做何表态。马基雅维利对惯常的含糊其辞已经驾轻就熟，但他向“自由与和平十人委员会”的汇报则清楚地点明了情势的重心，他们很快就必须要公开表态究竟是支持教皇还是法王。从佛罗伦萨的角度看，他认为这两大强权之间的战争将是“能够发生的最为可怕的不幸”。

最终，马基雅维利于10月返回佛罗伦萨，在此之前他还与一名绰号“让娜”的法国妓女厮混在一起，以此表示对他的敌人们及其造谣、传谣的蔑视。而在佛罗伦萨等着他的当然是那位鬈发妓女。佛罗伦萨驻法大使罗伯托·阿恰约利写信给他，亲密地调侃道：“你一回去肯定是要去‘里恰小姐’那里报到啦？”马基雅维利对敌人从来不屑一顾。

第十二章

1511年伊始，意大利全境大雪。在艺术之都佛罗伦萨，一只巨大的雪狮子安卧于圣母百花大教堂的钟楼边上，帕齐角的能工巧匠们则从冰块中雕琢出一尊尊裸像。为了紧跟尚武的时代精神，深沟高垒的白雪城堡在路旁拔地而起，全副武装的白雪舰队驶入了大街小巷。[1]

马基雅维利也在修建他自己的堡垒。或许是受到他的朋友莱昂纳多的影响，他近来也在苦修防御工事的技艺与科学。他知道，只靠国民兵的长矛和火枪不足以保卫佛罗伦萨的自由，修建足够多的堡垒也同样极为重要。他俨然已经把自己打造成了一个塔楼、堡垒、矮护墙的专家，并且在1月和建筑师朱利亚诺·达·桑加洛冒雪前往比萨。朱利亚诺是安东尼奥·达·桑加洛的哥哥，安东尼奥两年前在比萨筑下了牢不可破的木坝。67岁的朱利亚诺有着相当丰富的建造和修缮防御工事经验，他先是在托斯卡纳，后来又去了罗马，在那里他和他的兄弟为圣安杰洛城堡修建过新的多角棱堡。如今他和马基雅维利要去视察曾让佛罗伦萨人屡遭失败的比萨城堡，确保它们能在尤利乌斯二世和路易十二打入托斯卡纳的时候还能坚固可靠，他们又从那里带着同样的目的去了阿雷佐。

进行这些考察是因为事态特别紧急，尽管天飘着大雪而教皇又一直生病（尤利乌斯从上一年10月份一直发烧），教廷和法国之战最终还是爆发了。1月2日，尤利乌斯从博洛尼亚的病榻起身，叫嚣道："让你们看看我和法王谁更有种！"随即便亲自带兵冒着大雪围攻法王保护下的米兰多拉。威尼斯大使亲眼目睹了这次胜利，他完全惊呆了："教皇竟然抱病跑到军营里来，还是在寒冷的1月，外面下着大雪。历史学家们可真有的写了！"

对教皇此番英雄壮举，佛罗伦萨人可不会拍手称赞。他们对教皇的不满源于一起阴谋，且它很快又使他们犯下了灾难性的错误。一个月前的1510年12月22日，佛罗伦萨破获了一起谋杀皮耶罗·索德里尼的阴谋。杀手是一个叫作普林齐瓦莱·德拉·斯图法的年轻人。普林齐瓦莱打算在市政宫杀掉正义旗手，从而为"豪华者"洛伦佐的儿子重返佛罗伦萨做准备。阴谋被识破，普林齐瓦莱成功逃脱，但"十人委员会"称他曾供出尤利乌斯是这起事件的策划者之一。尤利乌斯公开声明自己与此事无关，但并不是所有的佛罗伦萨人都买他的账。索德里尼和他的顾问们事后很快就决定，要遵循萨佛纳罗拉的一条箴言："百合花当与百合花在一起盛开"。这是说作为同以百合花作为自己纹章的法国人和佛罗伦萨人应当团结一致，而这铸成了致命大错。

路易十二挥起宗教武器对付教皇。有许多枢机主教是倾向法王的，他们大多是西班牙人或者法国人，他们还宣布要召开一次公会议——哪怕历史悠久的教会法规定只有教皇才能召集这样的会议。枢机主教、主教以及其他教会显要与神学专家极偶尔才在公会议上齐聚一堂共商教义与教规问题。眼下这些枢机主教们想要讨论的特别议题是将尤利乌斯二世驱逐出梵蒂冈，并以一个对在意大利的法国势力更友善的教皇来替代。此类行动是有例可循的，在1409年的比萨会议上，二十二位枢机主教与八位主教投票废黜了教皇格里高利十二世及西班牙裔的伪教皇贝内迪克特十三世，选举米兰大主教彼得罗·菲拉格西出任教皇，即亚历山大五世。亚历山大五世继任者约翰二十三世又在1415年的其中一次康斯坦茨会议中被罢黜。路易十二及其盟友们希望尤利乌斯也遭遇同样的命运。

1511年1月，当“战神教皇”气势汹汹地冒雪开赴米兰多拉时，路易十二就要求佛罗伦萨执政团允许公会议在其境内召开，地点当然是比萨。起初，尤利乌斯刚刚征服米兰多拉时，执政团还在犹豫，但后来的普林齐瓦莱阴谋以及接下来的军事反扑（法军立刻夺回米兰多拉，并在5月拿下博洛尼亚）让执政团最终决定答应路易十二的要求。8月，在尤利乌斯战败回到罗马后，“十人委员会”为五名枢机主教签发了安全通行证，他们将前往比萨，而会议将在9月召开。

佛罗伦萨人允许公会议在其境内召开，表明他们放弃了一贯的中间路线，愿同路易十二一道反对教皇。但是，他们下定决心后不久便陷入了急剧的紧张不安之中。枢机主教们的忤逆犯上和佛罗伦萨的背叛激怒了尤利乌斯，他威胁要向共和国发出宗教禁令。这是一道有力且严厉的谴责，绝不仅仅具有象征性意义：佛罗伦萨公民将不得参与教会仪式，临死无法接受圣礼，死后也不得葬入圣地。另外，这样一道禁令对灵魂和金钱而言都不是什么好事，因为佛罗伦萨的商人将在基督教世界丧失法律保护，也就是说在全欧洲劫掠他们的货物和钱财都将是合法的。

战争与禁令的双重威胁让执政团赶紧行动起来。马基雅维利被紧急派去拦截并劝服那些反叛的枢机主教。他 9 月初出发去拦截枢机主教们，艰难地骑行了两天后到达佛罗伦萨北部八十英里外的圣唐尼诺镇（现菲登扎）。枢机主教中为首的是贝尔纳迪诺·洛佩斯·德·卡瓦哈尔，一个 56 岁的西班牙人。马基雅维利向他说明了佛罗伦萨目前面临的危险，但曾公开觊觎教皇宝冠的卡瓦哈尔枢机主教坚持要于两周内在比萨召开公会议，只是许诺绝不进入佛罗伦萨。由于无法保证他们不会踏入佛罗伦萨境内，马基雅维利接下来又奔赴法国。“十人委员会”令他去到路易十二本人面前为佛罗伦萨辩护。虽然丑闻缠身又被“座位上的人”申斥，但马基雅维利仍旧是那个“十人委员会”和执政团在遭遇重大危机时能够依靠的人。

9 月 22 日，马基雅维利抵达位于布卢瓦的法国宫廷。任务的急迫性反映在他骑行的速度上：过去一周的行进堪称传奇，他平均每天都要在颠簸的道路上飞驰六十英里。他在布卢瓦获得的成果好歹比在圣唐尼诺镇多一些。路易十二拒绝废止公会议，不过，他同意将会期延迟一个月到万圣节之后。虽然这只是一点小恩小惠，但至少多给了佛罗伦萨人几周时间安排防务，并且满心希望教皇会突然死掉或者出现其他什么机缘巧合为自己解围。

但是，对片刻喘息的渴望很快就变成了绝望，就在马基雅维利抵达布卢瓦的第二天，教皇的病情便大为好转，足以对佛罗伦萨颁布禁令。很快，他就开始公然讨论杀掉或者废黜皮耶罗·索德里尼的事情了。为了搅个鸡犬不宁，他任命乔瓦尼·德·美第奇作为佩鲁贾的教皇代理人。35 岁的乔瓦尼是“豪华者”洛伦佐尚在人世的儿子中最年长的，也是一位有影响力的枢机主教，自从 1503 年“不幸者”皮耶罗死掉，他便是美第奇家族的领军人物。很显然，尤利乌斯想让佛罗伦萨陷入动乱，并在国内煽动起对美第奇家族的怀念，同时在边境上扶植起反对索德里尼政府的势力。

11 月初，马基雅维利返回佛罗伦萨，几天之后比萨会议即将召开。很快，这场会议的企图就落空了，尽管大街上的乞丐们（也许是为了寒碜他）都称卡瓦哈尔为教皇贝尔纳迪诺，但没几个比萨人更别说任何一个神职人员支持这伙枢机主教了。面对满满的敌意，马基雅维利只好带着三百名士兵保护他们免遭群众的攻击。在一周之内，马基雅维利的护航和口才终究敌不过比萨人的仇视和排挤：卡瓦哈尔枢机主教只好和他的伙伴们卷铺盖走人，准备前往米兰相对友善的地界。

但这已经对佛罗伦萨造成了伤害。马基雅维利 11 月从布卢瓦回来的时候便了解到，教皇已经和阿拉贡的斐迪南以及威尼斯人签下条约，结成了神圣同盟。教皇希望借用盟友的强大实力一举将法国人永远驱逐出意大利。当那不勒斯总督雷蒙·德·卡尔多纳率西班牙大军由罗马向北挺进的时候，很显然，索德里尼对路易十二及试图分裂教会的支持只是成功地招来成千上万西班牙士兵杀进托斯卡纳。难怪在 11 月底，回到佛罗伦萨的马基雅维利要写下自己的遗嘱呢。

*　*　*

如果马基雅维利真的相信，在一座城市或一个地区发生的重大事件没什么是不可以通过启示、神迹或天象预知的，那么在1512年前几个月，他肯定会像很多人那样密切关注着由拉韦纳发来的消息。有消息称在这座城市里降生了许多怪物，最恐怖的一个据说是修士和修女的后代，被称为“拉韦纳怪物”。这头怪物简直是从《最后的审判》壁画里爬出来的。传言说它脑袋上有个角，翅膀像蝙蝠，右膝盖上长着一颗眼睛，左脚上有一个鹰状的胎记，最特别的则是它的雌雄同体。拉韦纳总督吓得魂不附体，给尤利乌斯二世发去一份详细的描述，警示说如此异象现世只能预示着罪恶时代的到来。

拉韦纳怪物所预示的恐怖来得相当快。4月11日复活节，卡尔多纳统帅的一万六千名神圣同盟士兵在拉韦纳城门外两英里处与二万六千法军相遇。法军统帅是路易十二的外甥加斯东·德·富瓦。这位23岁的富瓦是一名极为出色的将领，因其有着博尔贾一般的神速与莫测，而被称为“意大利闪电”。2月份卡尔多纳围攻博洛尼亚时他曾去解围，后来又北上从威尼斯人手里夺下布雷西亚。奉路易十二之命，他又挥师向南进军罗马，意图攻下城池之后废黜教皇：他许诺将士们很快即可到教皇尤利乌斯“邪恶宫廷的无尽财富中”各取所需。拉韦纳是神圣同盟的武器装备库，当他攻打此处时卡尔多纳来此阻击。这场战斗是意大利土地上有史以来最血腥的一战。卡尔多纳损失一半以上兵力——约有九千人——大部分是被费拉拉公爵阿方索一世的大炮所伤。法国的损失相对较小，但对于法军整体而言却是悲剧性的，加斯东 · 德 · 富瓦自己则横尸疆场。

在佛罗伦萨，同往常一样，人们为法军在拉韦纳的大捷燃起篝火和彩灯，鸣钟欢庆。随着幸存的西班牙士兵四散逃命，法国人似乎马上就要进军罗马、废黜教皇，并解除美第奇家族对佛罗伦萨的威胁。然而，事态的发展却顽固地拒绝遵循其原本看似必然的轨迹。富瓦的阵亡令法军士气大跌，无心南下，最终他们掉头向北，因为有一万八千名瑞士士兵前来支援教皇，打进了法国在伦巴第的领土。尤利乌斯突然奇迹般地转危为安。

于是，佛罗伦萨同教廷的关系进一步恶化。到 6 月的时候，教皇命令佛罗伦萨驻罗马大使向执政团写信，告诉他们教皇陛下非常希望皮耶罗 · 索德里尼辞职下台。如果索德里尼拒绝，教皇便发动神圣同盟之兵将其除掉。在这封信发出后，教皇又派出一名特使洛伦佐 · 普奇转达了同样的威胁。6 月 10 日，“八十人咨议会”讨论此事，但照旧毫无决策。四天后，一道闪电猛然劈向圣十字教堂塔楼的钟，造成重大损失。“这是一个坏兆头”，一位佛罗伦萨人在日记里嘀咕道。此后，整个夏天都持续着狂暴的电闪雷鸣，更糟糕的征兆接踵而至，普拉托大门又遭一道雷电损毁。由于雷电正中一块印有象征法国的百合花的盾牌，且普拉托大门正通向西北方十二英里外的普拉托城，其含义非常明显：就在那时一支八千名西班牙士兵组成的军队，正欲从南边穿过托斯卡纳杀向普拉托。对普拉托城而言，也是对佛罗伦萨城而言，唯一的希望只能是马基雅维利的国民兵了。

第十三章

阿戈斯蒂诺·韦斯普奇曾评论说马基雅维利热衷于“骑马、遐想和漫步”，但马基雅维利也只是在1512年上半年才对这些活动痴迷。从法国回来后的几个月里，他一直穿梭于佛罗伦萨和乡下之间，偶尔也会去趟比萨，他在那里募集了一支城防军。他现在不止征召步兵，还组织了一支骑兵队。他希望能够集合起几队轻骑兵，为他们配上长矛和弩，甚至是小型火器。他也从佛罗伦萨招人，由统领们训练，必要时统一部署。1512年2月，他集结起三百名骑兵在市政广场接受检阅。

虽然危险就在眼前，但马基雅维利无疑徜徉于将自己的聪明才智运用到行使权力中去。没有什么比飞驰在颠簸的山丘上去视察营寨或检查佛罗伦萨的要塞更让他快乐了。这些任务连同它们真实可感的结果，远比他代表佛罗伦萨四处奔走说些搪塞和拖延的话更让他有成就感。在他的有效经营下，到夏天的时候，从农民、石匠及蚕农中打造了一支步兵一万一千人、骑兵五百人的军队。

夏末，马基雅维利军队的战斗力即将面临一场严峻的考验。神圣同盟的各方代表在曼托瓦碰头，决定推翻皮耶罗·索德里尼的共和政府，帮助美第奇家族复辟。枢机主教乔瓦尼的弟弟朱利亚诺·德·美第奇向雷蒙·德·卡尔多纳的士兵们支付了拖欠的军饷。

于是，8 月中旬军队便开始从博洛尼亚向南挺进。恐慌迅速蔓延整个乡村，整整一天里，农场主和农民们排成长达一英里的队伍围在佛罗伦萨城门口。普鲁内塔的圣母像又要被运至城里鼓舞士气，但执政团又迅速撤销了命令：值此动乱之际，这样大摇大摆地运送如此珍贵的物件实在太危险。

马基雅维利被派往佛罗伦萨东北部二十英里外的采石场镇菲伦佐拉，组织两千名国民兵伏击从亚平宁山脉杀来的侵略军。但是卡尔多纳的大军没走寻常路，他们巧妙地避开了伏击，径直来到佛罗伦萨北部十五英里的巴贝里诺。皮耶罗 · 索德里尼对卡尔多纳的迅猛推进大惊失色，急令马基雅维利速回佛罗伦萨准备城防,做最后一搏。“竭你所能吧！”比亚焦从秘书厅央求道。

然而，西班牙人并没有直接杀向佛罗伦萨。由于补给不力，并且佛罗伦萨人又将草料、粮食藏的藏，毁的毁，他们一时填不上肚子。空无一人的村庄里给士兵们剩下的不过是几杯变了质的酒。为给饿得半死的士兵们寻找补给，卡尔多纳率军向西南进入比森齐奥谷地，然后如预兆所示，向普拉托进发。8 月 26 日，他让传令官到城门外要求对方立刻投降并为士兵们提供食物。同时，卡尔多纳也派出使节到佛罗伦萨索要更多补给。他还要求索德里尼辞职并允许遭驱逐的美第奇家族回到城中，不过他宣称美第奇只是作为普通市民而非统治者。

索德里尼自信扛得住打击。他和顾问们断定卡尔多纳饥肠辘辘的军队很快就会拔营起寨。另外，攻城的大炮和他们的面包一样短缺，他们通过崎岖的山路只拖来两门炮。佛罗伦萨人非常信任马基雅维利的国民兵，这进一步提升了他们的士气，马基雅维利的国民兵在数量上超过了敌军。八千名国民兵防卫佛罗伦萨，另有包括一百名骑兵在内的三千人在25日被派往普拉托。一个佛罗伦萨人8月26日乐观地写道："重骑兵们摩拳擦掌，一心剿灭每个敌人。"但到达普拉托的国民兵则会给出不同的说法。他们发现不仅城市防御工事破败不堪，同时还缺乏武器和其他装备。火绳枪兵们只好从教堂屋顶剥下铅来制造子弹，即便如此他们还找不到火药去发射这些临时赶制的弹珠。

等军队在普拉托城外集结完毕，卡尔多纳稍作休息便向佛罗伦萨下达了最后通牒。索德里尼无需辞职，卡尔多纳只要他允许美第奇家族回到佛罗伦萨并为士兵们提供面包，同时向他本人支付三万杜卡特——实际上是一种贿赂，保证在他的士兵们肚皮填饱和美第奇归来之后就掉头撤走。佛罗伦萨人过去是乐得以金钱换自由的。索德里尼的顾问们——估计包括马基雅维利在内——都敦促他接受这一条件。然而，这位旗手仍旧将宝押在西班牙人饿瘪的胃与国民兵的实力上，以及"某些无稽之谈"（按照马基雅维利的说法）上。卡尔多纳等得不耐烦了，下令开动那两门快散架的大炮攻城，其中一个很快自爆了，但另外一个在一天后炸开了城墙。晚上6点，西班牙人攀上云梯从炸裂处涌入城中。8月29日恰好是施洗者约翰蒙难日，他是佛罗伦萨的保护神。随之而来的，用弗朗切斯科·圭恰迪尼的说法便是"再无任何抵抗，只是哭喊、逃命、暴力、沦陷、血腥和屠杀"。

普拉托的惨烈沦陷对马基雅维利而言是最为沉重的一个打击，他那三千国民兵弃甲而逃实在是太丢脸了。据圭恰迪尼的记载，西班牙人都惊奇于那些军人"如此懦弱和无能"，或者用另一个受到震惊的佛罗伦萨人的说法，他们“胆小如鼠”。多达四千人在普拉托城内丧生，大约一半是国民兵，剩下的则是手无寸铁的普拉托居民。其他人则落入卡尔多纳的人手里饱受折磨。马基雅维利自己也哀叹普拉托城里“可怜的悲惨局面”。他在一封信中提到这些残暴的罪恶行径：“他们甚至连圣所里的处女也不放过，那些地方到处是强奸和亵渎神灵的罪行。”

马基雅维利的伟大梦想惨遭挫败。他为国民兵事业满怀希望、不辞辛劳地忙碌了六年多，这一切到头来却是一场灾难，比徒劳的运河以及无信无义的雇佣兵队长们还要糟糕。他曾对国民兵的勇气与可靠信任有加，而最终表明这是最脆弱的幻象。普拉托人为此付出了血的代价，而佛罗伦萨现在要付出自由的代价了。

* * *

普拉托陷落的消息一传到佛罗伦萨便引发了“人心的巨大骚动”，最不安的当然还是皮耶罗·索德里尼。据圭恰迪尼的记载，这位旗手“惶惶不可终日……名声和威信扫地”。这场危机让他茫然失措、萎靡不振。8 月 31 日，一伙美第奇家族的支持者冲进了市政宫，逼迫他辞职，他大哭起来并扬言要自杀。危难时刻，他想到了马基雅维利。第二秘书长被招进市政宫，着手安排朋友的安全流放工作。一天后，朱利亚诺·德·美第奇骑着马耀武扬威地回到佛罗伦萨。

33 岁的朱利亚诺大部分的流放时光都是在他乌尔比诺的宫

廷里度过的。他像他的父亲洛伦佐一样，更像是一个举止优雅的朝臣而非战士。拉斐尔在几年后为他画像，画里面是一个瘦削的年轻人，有长长的脖子和稀疏的胡须，一顶过分华丽的帽子俏皮地斜戴在头上，显得志得意满。他同样也被巴尔达萨雷·卡斯蒂廖内写入《侍臣论》中而名垂不朽，书中称他“善良、高贵又谦恭”。虽然美第奇家族被驱逐出佛罗伦萨时他才15岁，但那时他已经结识了马基雅维利，后者还曾为他写过诗并曾是他父亲圈子中的一员，虽然这时间很短且他处于外围。因此，虽然马基雅维利被公认为索德里尼的左膀右臂，但他还是有理由期望自己不会在美第奇归来时遭遇不必要的麻烦。

起初城市里似乎仍旧平静，政府中也没有多少人事变动。9月3日，佛罗伦萨加入神圣同盟，同意接纳美第奇家族归来作为普通公民，并付给卡尔多纳四万杜卡特。几天后，执政团选举了一位新的正义旗手焦万·巴蒂斯塔·里多尔菲，他是权贵中的头面人物，曾与索德里尼长期对立，其任期被定为十四个月。就此而言，美第奇家族好像成功地与共和国融合了，一切将照旧。“城市里一片宁静祥和，”马基雅维利在索德里尼流亡后写道，“希望这座城市能在美第奇家族的帮助下延续往日他们的父亲‘豪华者’洛伦佐治下的光荣，那时的记忆多是欢乐的”。

但这种状态并未持续多久，圭恰迪尼抱怨说这都是因为“公民间的不合”以及西班牙士兵在城内驻扎，这对美第奇党羽而言是非常好的机会。9月中旬，一小撮年轻的美第奇支持者——包括暗杀索德里尼未遂的普林齐瓦莱·德拉·斯图法——迅速发动了一场政变。他们和朱利亚诺·德·美第奇认为里多尔菲太过温和，对他的当选颇为失望。于是，他们便将武器藏在袍子下面来到市政宫。他们约定以钟鸣为号。市政宫塔楼上被戏称为“母牛”[①] 的大钟响起——两个世纪以来都是它的响声召集佛罗伦萨男人们聚集到广场上来——广场上迅速挤满了人，只不过这次都是西班牙士兵。在米开朗基罗的大卫像旁边的讲台[②] 上宣读了一个法令，“大议会”被解散并成立一个由四十名公民——全都是美第奇的亲信——组成的统治委员会，总揽一切大权。佛罗伦萨人在西班牙人的钢刀下只能接受这一法令。佛罗伦萨现在只是个名义上的共和国，市政宫已名存实亡，离它不远的美第奇宫才是权力中枢。佛罗伦萨新的统治者是朱利亚诺及其哥哥枢机主教乔瓦尼。

马基雅维利的政治遗产很快就荡然无存。他的国民兵全部被缴械遣散，“国民军九人军事委员会”也被解散，不过，他暂时仍旧待在第二秘书长的岗位上。那段时间他的活动鲜为人知，但在 10 月的某个时候他抓住时机主动向美第奇派进言。他写了一个类似于公开信的东西《致美第奇派》，提出通过诋毁皮耶罗·索德里尼的统治来恭维美第奇新政权将适得其反，可能导致——当然是极端的胡思乱想——索德里尼政权恢复。他还给枢机主教乔瓦尼（他也认识马基雅维利，当然也是通过洛伦佐的圈子）写了一封信，评论 9 月底时他们委派五位官员清查 1494 年美第奇家族财产抄没情况的事情。马基雅维利警告枢机

① 这里称大钟的名字为母牛（La Vacca），因钟响声如母牛叫一般而得名。前面曾称此钟为雄狮钟，“母牛钟”应为戏称。

② 讲台（ringhiera）是以往执政团向人民宣布政令的地方。

主教，再度占有这些财产将面临被许多民众疏离的危险；乔瓦尼主教无动于衷，被抄没的财产交还给了美第奇家族。

无论过去他们的关系如何，但到1512年，朱利亚诺和乔瓦尼枢机主教都对这位第二秘书长没什么好感。1508年佛罗伦萨一个名门望族的后代菲利波·斯特罗齐同“不幸者”皮耶罗15岁的女儿克拉丽切·德·美第奇订婚。之后，马基雅维利便对美第奇家族采取强硬态度。索德里尼反对这一结合，并将其视为美第奇家族的一个阴谋，认为他们是想借助斯特罗齐家族的势力重返佛罗伦萨。马基雅维利也谴责了这桩婚事，以一种毫不妥协的口吻称由于皮耶罗是佛罗伦萨的乱臣贼子，那么他家族里的所有人都应被视为乱臣贼子，他的小女儿当然也不例外。裁决此事的“公安八人委员会”最终支持了克拉丽切，婚礼于1509年举行。然而，马基雅维利反对美第奇家族的激烈态度和他谴责克拉丽切的措辞，却让朱利亚诺和乔瓦尼枢机主教耿耿于怀。从朱利亚诺·德·美第奇返回佛罗伦萨开始，马基雅维利的耳边肯定一直回响着皮耶罗·索德里尼的话。在8月底的时候，索德里尼曾在“大议会”的一次讲话中警告说,如果美第奇家族归来，他们的统治将是残酷和恶毒的，充满了猜忌与报复。他预言美第奇们绝不会忘记“他们的流放岁月以及曾遭遇的严酷处置”。

1498年，马基雅维利曾目睹萨佛纳罗拉的支持者们被清除出政府；1503年，在罗马他也见识过尤利乌斯二世是如何残酷地清算切萨雷·博尔贾的。因此，当11月7日他被剥夺秘书厅职位时倒也不怎么感到意外。美第奇派掌控的执政团下达命令，称他应被“解职、削权并彻底清除出去”。他的位子很快由美第奇家族的亲信、“豪华者”洛伦佐的前秘书尼可罗·米凯洛齐接替。三天后的 11 月 10 日，马基雅维利被限制不得离开佛罗伦萨，并强迫他购买一千金杜卡特的公债，对他而言这是一笔巨款（大致相当于他八年的收入），他不得不向朋友们举债。但美第奇家族及其党羽尚未就此罢休，一周之后他又被勒令在一年内不得踏入市政宫半步。

马基雅维利的政治生涯骤然停止。最后一次离开办公室的时候，他也许会停下来思量一番那幅画在百合花大厅门廊上方的命运之轮壁画。这位变化莫测的女神的确开始敌视他了。

第十四章

1512年，马基雅维利43岁了。如果他像美第奇家族那样，清点一下自己被抄没的东西，他一定会发觉能够展现他为共和国效力多年的东西已经所剩无几。他被赶出待了十五年的办公室，他待在那里的日子要比待在河对岸的马基雅维利宅邸多得多。更糟糕的是，曾那么沉迷于“骑马、遐想和漫步”的他，如今却被禁锢在佛罗伦萨境内，他的激情、才干和雄心都无从施展。也许最糟糕的是，他和索德里尼一样，已经失掉了声誉和名望。

另外，当他知道秘书厅中只有自己和比亚焦·博纳科尔西丢掉了位子，这样的解职一定让他极为痛苦。马基雅维利的解职并不是市政宫大换血的一部分，这件事本身表明他是多么不受欢迎，不仅仅是美第奇家族和权贵们不喜欢他：多年来，他疏远了许多佛罗伦萨的商人和政客，先是用他的高傲与粗暴，后来他的丑闻又搞得满城风雨。最后，他所津津乐道的国民兵在佛罗伦萨最需要他们的时候严重失职，这似乎证明了国民兵计划是毫无价值的，更重要的是，他的领导能力似乎也是毫无价值的。1509年在“死河”赢得的赞誉，三年后却变成遍及大街小巷的对他的愚蠢和无能的抱怨。[1] 不过，要是他觉得厄运在那年秋天结束，那就错了：几个月后，他被捕入狱。

1513年2月18日的夜里，马基雅维利被“公安八人委员会”

逮捕，一同被捕的还有其他十几个人。他们被控与一项暗杀朱利亚诺·德·美第奇的计划有关。出身佛罗伦萨最显赫家族之一的青年阿戈斯蒂诺·卡波尼据信是该计划的主谋，他不慎遗失了一张记有二十余名合谋者的名单而使计划败露，马基雅维利的名字在名单上位列第七。与卡波尼及其他涉嫌合谋者一起被捕后，马基雅维利被带到斯廷凯要塞，一座靠近圣十字教堂的古代监狱。颇不吉利的是，这正是那座关押他远房亲戚弗朗切斯科·马基雅维利的监狱。弗朗切斯科是马基雅维利父亲的远房表亲，1459 年因反对科西莫·德·美第奇被斩首。就此看来，美第奇的斧子将要终结另一个马基雅维利的政治生涯了。[II]

马基雅维利当然不反对政治暗杀，特别是如果暗杀能够将城邦或国家从暴君手中解放出来：但就此次卷入的事件而言，他充其量只是个边缘人士。他确实认识几个合谋者，其中之一还是他的老朋友，前驻法国大使尼可罗·瓦洛里。然而，即便是他知晓了他们的秘密，他也应该没有积极投身于他们的计划。在被"公安八人委员会"审讯时，合谋者之一、马基雅维利的另一个好友乔瓦尼·福尔基供认自己曾与马基雅维利探讨过这次计划。由于马基雅维利在美第奇家族控制下的糟糕境遇，人们有理由怀疑他支持密谋推翻美第奇：除掉朱利亚诺·德·美第奇并颠覆其政权，或将为马基雅维利重返政坛打开门路。

但是，马基雅维利恐怕没有为计划参与者提供任何协助或者支持。根据福尔基的供述，马基雅维利只是说现政府或许很快就会自己垮掉，因为——这里他抨击了朱利亚诺·德·美第奇——它缺少一个像"豪华者"洛伦佐那样的人物，这就意味着没人

“能够掌控全局”。[III]但这样一句话很难证明马基雅维利相信必须靠利刃来拯救佛罗伦萨。不过即便如此，这些贬低朱利亚诺的话也不会对他的案子有什么好处，据说他被带进刑讯室并被施以“吊坠刑”（strappado，这个词来自意大利文“strappare”，撕裂）。这种刑罚是把犯人的双手背到身后再用带滑轮的绳子捆起来，并把他们吊至一定高度，当绳子猛一拉紧，犯人的肩膀就会脱臼。据说马基雅维利熬过了六次吊坠刑而没有认罪。他后来写道，自己的勇气让他“觉得自己比先前想象的还要爷们儿”。

马基雅维利被捕五天后，被锁着躺在号子里，监狱外的声响吵醒了他。斯廷凯要塞的北部有条路叫作“怨街”，因死刑犯经此前去赴刑而得名。在那阴沉的路上，陪伴罪犯们的是穿着黑色连帽衣的“黑色兄弟会”成员，他们用吟唱哀乐和手持耶稣受难图安抚犯人们。2 月 23 日上午，“黑色兄弟会”为两名密谋者唱起圣歌，他们是卡波尼和一个名叫彼得罗保罗·博斯科利的年轻白化病人。他们在上午 10 点被装上马车，从“怨街”穿过，送到正义刑场斩首。

朝不保夕的马基雅维利没有对卡波尼和博斯科利表示同情：“让他们走吧，我愿祈祷”，他写信给朱利亚诺·德·美第奇，“但愿您的怜悯能够给予我”。这些词句是马基雅维利在等候自己命运时所写的一首二十行诗的一部分，这属于一种用来争取宽大处理的“监狱十四行诗”。他说自己是一个诗人（估计是为了使美第奇们想起“豪华者”洛伦佐治下的日子），哀叹自己遭受的种种苦楚，比如六次吊坠刑和锁着镣铐。“其他的苦难且不去说它”，他如此说，之后他便接着列举长长的一串：牢房的恶臭、虱子的块头，以及隔壁牢房内犯人遭受折磨而发出的惨叫。这首诗以马基雅维利听到“黑色兄弟会”的歌声和他对卡波尼和博斯科利的无情结尾。Ⅳ

结尾部分如此玩世不恭和没心没肺让马基雅维利的传记作者们感到尴尬、憎恶却不知所措。有些人，比方说帕斯奎勒·维拉里，为其开脱，说马基雅维利这样写只是“一时心情不好”。同样是这位传记作家，甚至说马基雅维利如此恶劣的词句是“为韵律所限”。其实，这首诗与其说表露了马基雅维利对卡波尼和博斯科利处境的态度，倒不如说是他自己身处斯廷凯监狱的心境。奇怪的是，这么多马基雅维利的传记作者竟然把这首诗当作一种精准的纪实来看。事实上，这首诗中的种种文学技巧（正如人们常常对诗歌期待的那样）表明我们不能按其字面含义来理解马基雅维利的经历。马基雅维利受过修辞学训练，能够运用一整套修辞策略——正如某些类似西塞罗的《论选材》中所展现的技巧——来组织他的语言和论点，从而激起读者的同情和怜悯。

这首诗以绪言开始——直呼朱利亚诺的名字表示请求——以结语（演讲者或作者所做的最终呼告从而得体地完结）结束：“超越你父与你祖父之英名”。在这中间，马基雅维利用到了多种修辞技巧。在诗中，牢房里的虱子如蝴蝶般大小，气味比龙塞斯瓦列斯（法国史诗《罗兰之歌》中的一处战场）还要糟糕。诗人称锁头、钥匙和门闩的声音像是朱庇特从蒙吉贝罗山（埃特纳火山的方言名）山巅向地面投掷雷电。这些都不是普通的夸张，它们是华丽的用典。他还使用具有讽刺意味的轻描淡写，把他的牢房称为“精致的宿舍”或一个“精致的安养所”。他故作省略的假省笔法（“其他的苦难且不去说它”）堪为教科书级的范例——这一手法是从《修辞学》（当然还有别处）学来的。这一经典诗作简直是西塞罗在文艺复兴时期的再世之作，它提供了一个演讲者或作者假意遮掩——实则强调——某些不快之事的典范：“我不在乎你的窃贼与强盗”。

虽然这首诗用方言写就，却充满了精致的文词和修辞技巧，例如，马基雅维利运用头韵法：在他这小小的几行诗中连续用了诗人（poeti）、墙壁（parieti）、虱子（pidocchi）、吃饱（paffuti）和恶臭（puzzo）。他还采用了封闭押韵，这也是彼特拉克在他的十四行诗中采用的韵式，排列方式为 ABBA ABBA。诗的大部分像彼特拉克的十四行诗那样，用五步抑扬格诗行，而且包括了一些巧妙的押韵：“蝴蝶”（farfalle）与“龙塞斯瓦列斯”（Roncesvalles）押韵。所有这一切都充分证明了马基雅维利在第四行对自己身份的说明：一个诗人。

因此，这首诗是既不是他监狱状况的如实描写，也不是心情糟糕时打油诗般的潦草之作。此乃精心构造的诗篇，其修辞与用典不禁让人生疑：一个在肮脏牢狱里被禁锢和拷打之人何以能够写出如此作品？那时的佛罗伦萨确实广泛使用酷刑，行刑方式不仅有吊坠，还使用吊刑架，以及一种把双脚脚底都剥了皮再用热炭灼烧的刑法。毫无疑问，卡波尼和博斯科利一定都饱尝了这些酷刑的折磨。但是，马基雅维利诗中所说的六次吊坠，是不是像他描写虱子块头和锁头声音一样，只是一个夸张呢？萨佛纳罗拉在 1498 年某个月份里经历了十四次吊坠刑，前几次使其肌肉撕裂和神经错乱，以致行刑者无法弄清他在交代些什么。和萨佛纳罗拉关在一起的多梅尼科修士讲述了吊坠刑在他自己身上造成的恐怖后果：“我精疲力竭了，胳膊完全废了，特别是左臂，被这玩意儿（酷刑）第二次拉就脱臼了”。[V] 不过，无论他遭受酷刑的性质或程度怎样，毫无疑问的是，马基雅维利在被关押期间表现出了堪与其文学技艺媲美的勇气。只是目前还不清楚，他那精心写就的诗篇——生动地祈求怜悯——是否送达朱利亚诺·德·美第奇，或者假如送到，又对他起了多大作用。

1513 年 3 月 11 日清晨，牢房里的马基雅维利一定是被钟鸣或炮响吵醒的。2 月 21 日，也就是马基雅维利被捕几天后，教皇尤利乌斯二世去世，紧接着的秘密会议选举年仅 37 岁的枢机主教乔凡尼·德·美第奇为教皇利奥十世。接下来为期五天的庆祝超过了在佛罗伦萨上演过的任何场面：大炮连发以示敬意，市政广场被燃烧的葡萄酒桶映得通明，凯旋马车游行穿过街道，走到美第奇宫前面。整座城市的欢快场面如此盛大，甚至连通常闭门不出的妇女都跑到窗口观望。在如此热烈的欢庆中，人们很快就开始把自家的招牌、地板和家具投入火中，更有甚者从店铺的屋顶抽下了大梁付之一炬。“整座城市癫狂了。”一个吃惊的佛罗伦萨市民如此写道。

马基雅维利因这意外之喜免遭更多的折磨和监禁——甚至是可能的处决。3 月 11 日或 12 日，在经历大约三个星期的监禁后，马基雅维利因为大赦出狱。当他通过老桥走向马基雅维利宅邸时，周遭烟雾弥漫，大炮与钟声齐鸣，燃烧的房梁噼啪作响，他或许会与其他人一样，认为佛罗伦萨的黄金时代正在到来。

一个佛罗伦萨公民、"豪华者"洛伦佐之子在梵蒂冈掌权。但是，这个新世界将会为有前科的尼可罗·马基雅维利准备些什么，完全无从知晓。

* * *

马基雅维利是如何庆祝他从斯廷凯监狱获释的呢？在3月18日致罗马一位朋友的信中，马基雅维利写下了他是如何"在这些全民欢庆中消磨时光、享受余生"的。享受生活对马基雅维利而言有特别含义："我们每天都去造访某个姑娘以恢复活力"，他轻松愉快地写道。他甚至对朋友扬言，他从一名叫作桑德拉·迪·佩罗的妓女的窗口见过运送因普鲁内塔的圣母像的赤脚队伍，圣像是被运送到佛罗伦萨向利奥十世当选致意的。

这位在罗马的朋友就是弗朗切斯科·韦托里，1508年上半年他曾与马基雅维利一起在马克西米利安驾前共事。乍看之下，韦托里似乎天然是马基雅维利的敌人。他的家人都是忠诚的美第奇党羽（他的父亲曾是"豪华者"洛伦佐手下的一名大使），他们家族和美第奇家族之间还有血缘上和姻亲上的关系。然而，马基雅维利认为韦托里是个有趣的伙伴，无论对笑话（从信件中热情引述的大量段子可见一斑）还是妓院都兴致勃勃。

韦托里的飞黄腾达始于和马基雅维利在因斯布鲁克的日子，当然还有一点很重要：他的弟弟保罗是朱利亚诺·德·美第奇的密友。1512年的12月末，韦托里被任命为佛罗伦萨驻梵蒂冈大使，他将在2月正式履职。这个时候，他和马基雅维利关系甚为亲密，韦托里离开佛罗伦萨骑的马还是从马基雅维利那里借的。刚刚出狱想谋份差事的马基雅维利自然要多多仰仗他的朋友。他写信到罗马敦促韦托里为他的弟弟托托在教皇利奥身边安排一个职位。托托于1509年成为牧师，他同样也接连请求韦托里提供援助。马基雅维利还大胆地探问自己与美第奇家族关系的前景："如果有可能，请让我们的主公记得我，以便他或他的家族可能会开始让我以某种方式效劳，因为我认为我会给各位增光，做于其有益的事。"这位方遭不幸的男人只能如此心酸甚至绝望地恳求着。

韦托里答应会在其职权范围内尽力增加他朋友的"荣誉和利益"。但形势很微妙，到了4月，他表示无法为马基雅维利和他弟弟提供职位。他所能做出的唯一承诺是，如果马基雅维利去罗马找他的话，"我在我家附近安排了一个姑娘，我们跟她消遣一段时日是没问题的"。即便是这样一个建议，也不能让精神开始萎靡的马基雅维利振作一下。在4月中旬给韦托里的回信中，马基雅维利仍然急切地想谋份差事，并认为美第奇家族不会忽略自己的才华："我绝不相信，要是殿下能够起用我，我会毫无作为，不能给所有的朋友们带来好处和荣誉。"但是，韦托里要么是不愿意，要么更有可能是没法子提供帮助。尽管马基雅维利在卡波尼和博斯科利的阴谋中是无辜的，但他在美第奇家族面前仍旧是不受欢迎的人。

即便如此，此时的马基雅维利仍在极力设法讨好美第奇家族。他用那曾为朱利亚诺·德·美第奇创作赞美诗的犀利文笔，为《蒙福精灵之歌》创作了歌词。狂欢节和狂欢节之歌曾经一度是佛罗伦萨文化生活的重要组成部分。在“豪华者”洛伦佐主政时曾举办过复活节周庆典，那是个从 5 月 1 日开始的盛大庆典，露天演出、花车游街和群众游行是其特色，表演者们身着盛装、戴着面具在大街上载歌载舞。这些歌曲部分出自马基雅维利的朋友海因里希 · 伊萨克之手，部分来自当时最伟大的诗人安杰洛·波利齐亚诺,还有一些则是洛伦佐自己写的。洛伦佐去世，萨佛纳罗拉掌权后，复活节周庆典取消了，虽然曾在 1498 年后再度举办，但多少显得有些沉闷。美第奇重现佛罗伦萨，许诺将更多地复兴节庆活动，特别是复活节周庆典。

在《蒙福精灵之歌》里，马基雅维利以他诗人的才情颂贺利奥十世升任教皇，在歌中也大胆地希望能有一段长久的和平。我们并不清楚这首歌是否真的在公众面前演奏；如果是的话，那些习惯于“马讥雅”幽默以及通常孟浪戏谑的狂欢歌曲（人们通常用它们欢庆 5 月的到来和歌颂佛罗伦萨美女的倾国倾城）的人，一定会惊讶于那挽歌般的诗句所表现出的一本正经甚至灰心丧气：

受到惨无人道的折磨
这些悲惨的必死之人，
他们长久的苦难无法疗治的伤痛，
他们的泪水，
无边无际的苦楚，
让他们日日夜夜哀叹着，
饱含着啜泣和愁虑，
伴随着尖厉惨烈的叫喊，

每个人都在高声哀求着怜悯。Ⅵ

这些沉郁的句子表明马基雅维利日益低落的情绪与昂扬向上的时代精神是多么不搭调。在1513年春暖花开之时，他选取了彼特拉克十四行诗的几行放在给韦托里的信中，也透露出他的忧郁：

是故，我时而欢笑，时而歌唱，
因为我别无办法
排遣我苦涩的泪水。

这封信的落款日期是4月16日，两周之后便是复活节周庆典。如果马基雅维利的《蒙福精灵之歌》是为1513年的庆典所作，那么他没能留在佛罗伦萨亲耳听到它的上演。4月底，他离城前往他在佩尔库西纳的圣安德里亚的农场。到这个时候，他向美第奇自荐的所有努力显然没起到一丁点儿效果。于是，马基雅维利只好在佛罗伦萨南部的山丘里万念俱灰，忍受着无情的煎熬，噙着苦涩的泪水。

第十五章

佩尔库西纳的圣安德里亚村坐落于古老的罗马大道上，向北七英里是佛罗伦萨，向南两英里则是筑防的山顶小镇圣卡夏诺。1513年，这个村庄只有一座小教堂、一间小客栈、一口井、一家肉店、一座磨坊、一座楼塔边上围绕着的小屋，还有一间较大的石屋——那是马基雅维利的住处，因摆设简单而被称作“陋室”。从陋室穿过马路，对面矗立着一间为雇农及其家人准备的小屋，以及一座橄榄油作坊、一间面包铺、一个牲畜棚和一间为生产葡萄酒而改造出的小房子。越过这一小排建筑，顺着山坡下来是一条小河，流淌经过马基雅维利家那所谓的“微薄家产”的其他部分：橄榄树林、牧场、葡萄园和一片被称作“卡弗法焦”的橡树林。在陋室的花园中仍可以清楚看到远处的圣母百花大教堂的圆顶和市政宫的钟楼——那里满满都是命运女神的恶意。

4月底，沮丧和失望的马基雅维利把自己安置在这样一个漂亮而朴实的环境里。正如他在致弗朗切斯科·韦托里的信中所提到的，他在此“疏远世人”。这并不完全真实。陪伴他的还有妻子玛丽埃塔，他们已经结婚十二年了。玛丽埃塔即将临盆，这是他们的第七个孩子。除了一个在1506年早夭的孩子外，他们还有三个儿子（贝尔纳多、洛多维科和圭多）和两个女儿（普里梅拉纳和巴尔托洛梅亚）。“玛丽埃塔以及我们全家人都安好”，他在6月时写信给外甥乔瓦尼，那是他已故的姐姐普丽马韦拉的儿子。一个月后，玛丽埃塔生下了一个女儿，但很快夭折。这给马基雅维利已经极为压抑的内心沉重的一击。“我身体还好，”8月初马基雅维利写信给乔瓦尼，告知他小女儿夭折的消息，“但其他方面很糟。我万念俱灰，只祈求上帝保佑我。”正是在这个时候，1513年的夏天，他坐在陋室的书桌前，拿起羽毛笔开始著书，这部著作与他曾经呈献给美第奇家族的诗歌全然不同。马基雅维利要化压迫为受益。

彼特拉克曾言，被迫退休、迁居乡下不无益处。不少古罗马作家，如小普林尼，早就对乡间生活赞颂有加。彼特拉克在《论独居生活》中热情洋溢地探讨了这个话题，论证说：学识和沉思需要远离喧嚣的人群，走向田园牧歌般宁静的安详生活。没有谁比马基雅维利更向往城市和热闹的生活；然而，正如他在12月10日致韦托里的信中所言，他已经开始适应在佩尔库西纳的圣安德里亚的静谧生活了。尽管生活满是无聊、烦恼和对贫穷以及死亡的恐惧，但通过研究并写下他先前所谓的“人的行动及其行事方式”，马基雅维利已经将自己从烦忧中拯救了出来。

马基雅维利写这封信的念头来自稍前收到的一封韦托里来信。“我决定向您描绘我在罗马的生活是什么样子”，韦托里写道。随之而来的便是一部流水账，记载了一位驻罗马大使的典型日常生活。显然，韦托里在一种奢华享乐的混乱中度日（“每餐三碟四碗，捧着银制餐具大吃大喝”），会见教皇，与枢机主教谈话，在他梵蒂冈边上的宽敞房子里接见形形色色的外地显贵。他唯一遗憾的是，自打搬家，“就不再像去年夏天那样，住处附近有那么多粉头了”。

这种热情奔放的叙述俨然是在一个快饿死的人面前大快朵颐，但马基雅维利没有见怪。在 12 月 10 日的回信中，他亲切地写道：“我想投桃报李”，继而详细地叙述了自己离群索居的日日夜夜。

按照马基雅维利自己的描述，他的一天一般从拂晓前开始。他首先要解决生计，他调好黏鸟胶——一种由冬青树皮发酵而成的黏性材质——背上一串鸟笼走进树林。他把黏剂涂抹到这些陷阱上，在他将要回去的时候“最少时能捕到两只画眉，最多时能捕到六只”。其他的消遣如下：砍柴，和他的伐木工闲聊，然后在胳膊下夹着一本书，或是但丁的，或是彼特拉克的，“或是某个二流诗人的文集”，到凉亭般的树荫下阅读他们的“炽热的感情”，同时满怀喜悦地回想自己的往事。接下来，他回到佩尔库西纳的圣安德里亚，走进陋室附近的一家小客栈，和在此停留歇息的旅客聊天。很快就该吃午饭了，他会和家人在陋室一起吃（这是一种自给自足的方式，他们餐桌上的东西全部来自他的花园、田地和牧场）。午餐过后，他返回小客栈，和一群当地人消磨午后的时间，有店主、屠夫、磨坊主和附近砖窑的几个工人。他们玩一种叫作“拉帮结派”的纸牌游戏（直到五十年前，这种游戏在佛罗伦萨还是非法的），还有一种类似于十五子棋的棋盘游戏。这都是些竞争激烈的游戏，造成“数不清的争吵和无休止的谩骂”。堂堂前佛罗伦萨第二秘书长在乡间客栈里掷骰走子、大玩十五子棋，遭逢这样悲惨的境遇，马基雅维利并非无动于衷，他会停下来思忖“命运女神如此待我，会不会觉得羞愧”。

黄昏时分，马基雅维利从这些混乱的运气游戏中抽身回家。现在，他的一天才真正开始。马基雅维利的信让韦托里得以窥见他在沉思生活中才能找到的真正宽慰。当马基雅维利进入书斋，无趣和空虚烟消云散，他脱下了沾满尘土的工装，像从前那样，“换上朝服”。整理威仪后,他进入了“古人所在的往昔宫廷”——那是亚历山大大帝、色诺芬和尤利乌斯·恺撒等人所在的世界——“在只属于我的精神食粮中汲取营养，这是我天生就适于食用的”。他和这些古代的统治者交谈，问他们出于什么动机而做出那些行动，而他们“亲切地回答我的问题。整整四个钟头，我丝毫感觉不到疲倦，我忘记了一切烦恼，我不怕穷，也不怕死，我完全被他们迷住了”。但马基雅维利告诉韦托里，这还不是全部。他提起他的笔,“他们的谈话对我大有助益,我记下了一切”,把这些见解写成了一本叫《论君主制国家》的“小册子”。

就我们所知，这是马基雅维利第一次提到他在写作《君主论》。他很可能是在 8 月开始这项研究的，当时他正陷在深深的忧郁之中；也多亏了他被迫赋闲，当 12 月的第二周他给韦托里写信时，这本书已经基本完成。他希望给韦托里送去手稿，部分原因是为了听取意见，但主要是希望他的朋友把它呈献给他献词里提到的那个人——朱利亚诺 · 德 · 美第奇。他相信朱利亚诺会从书中的思考获益。“读了这部书就会发现，十五年来我既没有睡大觉，也没有混日子，而是一直在钻研治国的技艺，谁都会乐于接受能从他人失败的代价中汲取丰富经验的人的服务。”他乐观地写道。

韦托里在平安夜回信，客气地请求看看手稿。马基雅维利立即把精华部分送至罗马，因为他要“丰盈充实”余下的部分。韦托里读后的反应，充其量是不冷不热。在1514年1月18日的信中，他承认喜欢他读的内容，但尚未通读整部作品，所以不打算做出评判是否应该呈献给朱利亚诺。同往常一样，韦托里更有兴趣谈论他和一个名叫科丝坦扎的少女的韵事，那是他邻居的女儿，芳龄二十。“我几乎变成这个科丝坦扎的囚徒了，”他痴痴地说，“容我冒昧说一句，您绝对没有见过如此美丽、如此诱人的女子。”埋藏起对朋友回信的失望，马基雅维利在回信中提供了一些赢得科丝坦扎的建议。这些也正是他自己努力遵循的；这些建议——倘若这世上还有人愿意听听的话——他希望把它献给君主，因为在他看来治国理政的奥秘与赢取芳心之道并无二致：“直面命运女神吧，”他给韦托里写道，“请遵循周而复始的天道、世事人情在您面前指出的道路。”

命运和周而复始的天道不久就为马基雅维利送来了更多的磨难。几个月后，在5月份，他强迫一直闪烁其词的韦托里说出真实的想法：这部著作到底呈不呈给朱利亚诺？大概是在罗马打探了一番后，韦托里很不情愿地给出了否定的答案。马基雅维利的希望再一次被残酷地挫败了。在6月10日致韦托里的信中，他生气地描述了他的处境：“太烦人……无法遇见任何记得我的贡献或认为我有一技之长的人。”他的论君主和君主国的著作或许使他每晚有几个小时的陶醉，帮助他战胜卑微和失落的情绪；但它看起来也没有什么别的用处了。这部小册子被丢在一边，尘封了起来。

* * *

为什么弗朗切斯科·韦托里拒绝把这部著作呈献给朱利亚诺·德·美第奇呢？马基雅维利是被彻底抛弃在美第奇的宫廷之外了吗？或者是韦托里从这本如此具有原创性和革命性的著作中看到了潜在的争议？

韦托里应该立刻就意识到，《君主论》属于一个漫长的“君主镜鉴”著述传统。在十三世纪里有两个比较著名的例子，分别是托马斯·阿奎那的《论王权》和罗马的吉莱斯[①] 的《君主的政府》，这些都是给正在成长中的国家首脑的政治指导手册。与之类似，《君主论》的主题是马基雅维利所谓的“治国的技艺”。它就如何统治君主国提供指导，尤其提及那些需要通过“军队和其他运气”[II]获得的领土。令马基雅维利格外感兴趣的，是如何用这种方式巩固权力，而不是如何统治一个继承的君主国，这无疑与美第奇家族因好运与西班牙军队的帮助而回归佛罗伦萨有关。因此，应该说这部著作很明显是针对朱利亚诺·德·美第奇写的。即便如此，这部著作所关心的远远超出佛罗伦萨一地。在短短的三万多字里，马基雅维利旁征博引，涉及了数千年的历史，详细考察了统治者的行动，如汉尼拔、亚历山大大帝和阿加托克雷、残暴僭主希耶罗。他还将意大利历史上新近发生的很多事件囊括其中，切萨雷·博尔贾是其中的主要人物。

这部著作提供了大量实用的建议。马基雅维利解释了国民军

① 罗马的吉莱斯（Giles of Rome，1243—1316），经院神学家、哲学家和逻辑学家，曾就学于托马斯·阿奎那。

（明显优越于雇佣军）应当如何组织起来，堡垒是否有益，为什么赋税体系不能改变，以及一个君主应该如何遴选大臣和对待左右的人。马基雅维利不惮于给出各种无情的建议，他警告说，如果一个新君主希望保有他的国家，被罢黜的统治者及其全部家人必须被杀死。在这部著作的结论处，马基雅维利热情地呼唤"显赫的"美第奇家族成为意大利的救世主——从外国占领者施加的"残酷行为与侮辱"中拯救意大利。

无论在他之前有多少人谈论过君主政体，马基雅维利还是写出了一些全新的东西：他注意到，就这个"过去常常被论及的"主题而言，早期作家的写作总是太过抽象和不切实际。对于理论在纸上有多精致，他并不感兴趣，他看重的是它们在宫廷、广场甚至战场之上有多实用。他宣称要展现"事物在实际上的真实情况，而不是论述事物的想象方面"。他探究的结果就是"一套原创性的规则"，而正是其中某些规则的本质让韦托里深感不安。

《君主论》的核心是某些哲学问题，在 1503 年给巴托洛梅奥·韦斯普奇的信以及三年后给焦万·巴蒂斯塔·索德里尼的信中马基雅维利都曾探讨过。在这些信件中，他对切萨雷·博尔贾与尤利乌斯二世令人费解的不幸与幸运大惑不解。当马基雅维利 1513 年快快不乐地呆在佩尔库西纳的圣安德里亚时，怎样应对"厄运"的问题，即当命运女神与你为敌时如何在世间崛起，对这些问题的思考又不免增加了一个私人的维度。马基雅维利试图探索如何直面命运女神和遵循周而复始的天道所设定的进程，不仅是为了这本书的目标读者朱利亚诺·德·美第奇，也是为了他自己。

马基雅维利论述“命运女神”，并不是在打比方。像但丁这样的中世纪的基督徒，已经将命运理解为一种由上帝创造的神圣（尤其是属于女性气质的）力量，如同天使们推动着诸天。例如在《地狱篇》的第七歌中，他将命运描述为“女总管和领导者”，她总是不可预测又难以理解地分发出好运和厄运。薄伽丘在《十日谈》中同样深入思考了命运女神反复无常和不知怜悯的本性，借其中一位叙说者之口讲出了大多数中世纪哲学家的观点，说命运女神“安排和重整”人类的事情是以“她自己高深莫测的方式……不遵循任何清晰明朗的计划”。[Ⅲ] 对于这个观点的支持者来说，这意味着人类对抗命运女神是无力的，而信任她则是愚蠢的。对中世纪的基督徒而言，教训很简单：勿对此世有所寄托，但将自己寄望于天堂。

然而，对命运女神的不同看法也是存在的。1353 年，彼特拉克完成了一首名叫《好运与厄运之补救》的诗。他在诗中认为，人类在命运女神面前实际上不是无助的，他们可以将自己“武装起来”与她对抗（尽管他谨慎地警告读者，不要把他们的幸福托付给现世的成功）。这种对人类能力比较乐观的看法被一些后世作家发展了，包括那不勒斯诗人和学者乔瓦尼 · 蓬塔诺。大约在 1500 年，蓬塔诺写下《论命运》。他认为，尽管命运女神是不可预料甚至是心怀不善的，但勇敢、灵活和审慎的行动还是可以战胜她。蓬塔诺强调，审慎而非命运女神才是人类生活的真正“舵手”。这种观点在人文主义者中间大行其道，因此到了 1510 年，托马斯 · 莫尔爵士便写出诗作《命运之书》，在诗中，命运女神开始抱怨有些“致命的敌人”，写了“很多的书 / 非难我”。

这种对命运的“非难”，宣告了人类在宇宙秩序中的新位置。人类不再是那些强大莫测力量的倒霉玩物，而成为能够抵御时势甚至扭转乾坤的能动者。人有能力，如皮科所写的：“拥有他所选择的，成为他所希望的”，这种相信人可以自由塑造自我命运的信念，主要来自于古典时代的作家。古罗马人相信人类有能力左右命运女神，而体现这种信念的事实则正如普鲁塔克所指出的，他们为命运女神修建的庙宇比其他任何神庙都要多。他们相信命运女神最容易被打动——就像任何一个有血有肉的妇女一样——只要一个男人展示出某些特定的优秀品质，比如刚毅勇敢和足智多谋。维吉尔在《埃涅阿斯纪》第十卷中通过意大利英雄图尔努斯之口发表了一篇充满激情的战前演说，最终以“命运女神眷顾勇者”结束。到了维吉尔那个时代，即公元 1 世纪，这个口号已经成为拉丁文学中不言自明的东西。坚毅的行为是能够使命运女神回心转意或者让她软下心来的，这包含在古罗马的“德行”（virtus，来自拉丁词“vir”，意指“真正具有男子汉气概的男人”）概念中，这一文化观念涵盖了坚韧、勇敢和对逆境宁死不屈的反抗。这个概念被翻译成意大利语即是“virtù”，彼特拉克在他最受欢迎和拥有广泛读者的著作之一《好运与厄运之补救》当中声称，“virtù”是对抗命运女神反复无常的一剂良药。这个意大利单词并不像英文单词“virtue”那样具有道德意蕴，而更像它的另一个同源词“virility”，指男性气概。

马基雅维利在《君主论》中吸收了“virtù”这一人文主义概念，他认为——至少在某种程度上——可以操控或控制命运女神那快速旋转的命运之轮。他在1506年给焦万·巴蒂斯塔·索德里尼的信中所持的悲观的宿命论，到了《君主论》中便让位于一种关于人类行动的稍稍乐观一些的看法。为了“不致把我们的自由意志消灭掉”，他想出了一个算式，命运女神“是我们半个行动的主宰，但是它留下其余一半或者几乎一半归我们支配”。马基雅维利用两个著名的比喻来解释这个比例，他也用这两个比喻来描述命运女神的威力以及阻止她的方法。第一个比喻的灵感或许来自阿诺河的定期泛滥，或许是因为比萨城外那条让人伤心的运河：“我把命运比作我们那些毁灭性的河流之一”，他写道，“当它怒吼的时候，淹没原野，拔树毁屋，把土地搬家。”这种破坏极大且看似不可遏止的洪流可以这样被限制——这是一位水利工程老手的经验之谈——“修筑堤坝与水渠，做好防备，使将来水涨的时候，顺河道流泻，水势不致毫无控制而泛滥成灾。”一个人的生活历程，也像一条奔流的河，或许同样要通过一些机敏和及时的预防措施而改变。

马基雅维利的第二个比喻则涉及命运总是被视为一种女性化的力量。他相信，命运女神像任何女子一样，面对粗暴的冲击才会做出最好的回应。他认为，要与命运女神打交道，行动迅猛是明智之选，“因为命运之神是一个女子，你想要压倒她，就必须打她，冲击她”。无论这个形象多么令人讨厌，需要记住的是，将哲学概念赋予性别诠释有很久远的历史，马基雅维利在其他地方说过要通过友谊和协调的行动战胜命运女神。这种使命运女神屈服的想法实际上并不是源自于马基雅维利。早在七十年前，埃涅阿斯·西尔维厄·皮科洛米尼就在《命运女神之梦》中让命运女神宣告她鄙视那些“从我这儿逃走的”，而偏爱“那些能打跑我的”。无论如何，其结论是人可以掌握命运女神的反复无常；这是这位前秘书厅第二秘书长在陋室的孤独流放中领悟到的令人宽慰的哲学。

对韦托里来说，在所有这一切当中可能没有什么东西是特别令人反感的或者特别具有原创性的。马基雅维利运用了一套熟悉的人文主义词汇来探索古老的概念和哲学问题。他的论据和他的结论类似于彼特拉克、皮科洛米尼和蓬塔诺。但《君主论》的关键部分所提供的关于统治的洞见，应该是韦托里在其他著作中无法找到的。这就是他那“一套原创性的规则”——一种对政治道德的颠覆性呈现，这似乎使韦托里震惊，从而很长时间保持犹豫不决的缄默。

中世纪的“君主镜鉴”通常包括道德行为的部分。罗马的吉莱斯是阿奎那的学生，在他写于1280年的《君主的政府》的第一部分中，他为统治者列出了要践行的美德和力求避免的恶行。他那份相当平白无奇的清单包括言而有信、遵纪守法、宽容怜悯和慷慨大度，同时避免挥霍、贪婪以及其他恶行。然而，马基雅维利并不认为这些传统道德在意大利残酷的政治世界中仍旧完全有效。“人们实际上怎样生活同人们应当怎样生活，其距离是如此之大，”他写道，“一个人要是为了应该怎样办而把实际上是怎么回事抛诸脑后，那么他不但不能保存自己，反而会导致自我毁灭”。那些要求言而有信和表现仁慈的主张在书本上是非常值得称道的，但谁要是把这些道德箴言转化成政治领域的行动准则，就会使自己陷于可怕的危险之中。马基雅维利提供了一种新式的政治道德观:“一个君主如要保持自己的地位，就必须知道怎样做不良好的事情，并且必须知道视情况的需要而使用这一手或者不使用这一手。”那些世人认为是良善的品质会把一个领导者引向毁灭，而那些被视为罪恶的品质往往会带来安全和繁荣。优秀的领导才能要求君主必须知道“如何恰当地为恶”。

马基雅维利提供了大量的例子，说明遵守传统的道德标准是如何毁掉一个统治者的。他认为，慷慨似乎可以使一个君主赢得称誉，但若只为保有慷慨之名而挥霍无度，最终将使国家财政枯竭并招致不满与憎恨。而另一方面，吝啬尽管被看作是一种恶行，但可以使国家强大。他以法国国王路易十二为例，尽管路易十二发动了多场战争，但凭借“长时期节约”仍旧可以保持很低的税率。

在马基雅维利对政治善德与恶行的重新界定中，有一项更加令人不安，它出现在第二十八章“论君主应当怎样守信”中。马基雅维利承认当一个君主信守诺言，“不使用诡计而一贯正直”是值得称道的，但不能忽略的一个事实是，很多君主正是做了相反的事情才取得巨大成功。他特别提到了教皇亚历山大六世。在他的脑海里，尤利乌斯二世无疑同样出色。马基雅维利亲见其像“棉花擦去墨水一样”抹去自己的承诺。正因为不守诺言，知晓如何作恶，而非遵循清规戒律，才使这些教皇实现了他们的政治目的。在马基雅维利那里，背信弃义的恶名也的确会给君主造成伤害。1505 年他曾告诫詹保罗 · 巴廖尼，若失言于佛罗伦萨，会被每个人看成是“一匹人们因为害怕摔断脖子而不敢骑的野马”。食言之人为了避免令人怨恨，便需要一点点伪装。马基雅维利说，一个君主不应该不折不扣地言而有信、慈悲为怀和慷慨大度，他只需要看上去这样就行了，要哄骗他的臣民和盟友相信他的正直，同时秘密地执行他的阴谋诡计。

马基雅维利将臣民们以及人类普遍的道德缺陷，作为向君主提出如此不同寻常的建议的理由。作为一名研究人性的学者，作为一名亲眼目睹过许多残忍和怯懦的目击者，也作为一名阴谋和毁谤的受害者——先是被解雇，然后被错误地卷入到一个阴谋中，继而投入斯廷凯监狱饱受折磨——马基雅维利在1513年开始写作的时候相当愤世嫉俗。他坚持认为，一个君主需要知道如何作恶，原因很简单，因为人们自己就是恶劣的。“一般可以这样说”，他写下了这部书里最愤世嫉俗的一段话，“他们是忘恩负义、容易变心的，是伪装者、冒牌货，是趋利避害的。”在任何时候，只要于己方便或者有利可图，人们就把友爱与恩义的纽带撕个粉碎，友谊“是不牢靠而且不能够依靠的”。在这样一个严酷黑暗的道德世界，除了同样凶狠残暴和背信弃义外，一个君主还能作何选择？

另一个为如此令人心惊的建议辩解的理由是：俗世的荣耀和国家的自我保存可以由此获得。阿奎那在《论王权》中宣称，无论这些目的本身多么值得称许，永远要服从于更高目标，即身后的永恒荣耀，因为灵魂比国家更重要。因此，对《君主论》中所提倡的那种邪恶行为的基督教式回应则是奸邪作恶之人面临的无尽惩罚：在但丁那里，圭多·达·蒙泰菲尔特罗食言的报应是被囚禁在地狱第八层中。然而，马基雅维利关于死后的惩罚一个字都没有提及。对基督教教义熟视无睹，又残忍无情、不知廉耻地申述“如何作恶”，最终使马基雅维利赢得了可怕的名誉。正如英国历史学家麦考利勋爵在1827年写的，阅读《君主论》而不“恐惧和惊讶”是不可能的。他认为，“对邪恶如此这般的夸耀……如此冷静、清醒和井井有条”，说明“这些只能来自恶魔，而非仅最堕落之人”。

弗朗切斯科·韦托里可能不像后来的很多读者那样，觉得这部著作如此残酷和堕落。但他无疑能够看出，《君主论》宣称的那些颇具争议性的主张无助于其作者在美第奇的宫廷受到欢迎。这样为口是心非坦率地辩解并将政治从伦理中分离出去的建议，只能给美第奇政权的敌人以口实，而1514年美第奇家族在佛罗伦萨是无可挑剔的。美第奇家族正竭力回避窃取佛罗伦萨人之自由的骂名，将这样一本“暴君手册”——此书很快便得到如此评价——献给其中一位美第奇，还有什么是比这更不明智的呢？

具有反讽意味的是，与《君主论》中马基雅维利的论证相反，韦托里劝告这位朋友忘却尘世的雄心壮志，任由那无情无常的命运女神处置自己。他声称自己阅读过蓬塔诺的《论命运》，并将其含义（不准确地）概括为作者“清楚地表明，没有命运女神的垂青，才智、预见、刚毅以及其他美德统统没戏”。韦托里显然不同意《君主论》中鞭打命运女神使之驯服的乐观看法。他认为，如果他的朋友相信能够使旋转的命运之轮停下，那是在可悲地自欺。他致信马基雅维利称：我们别无选择，只能接受我们的命运，“而你尤其……应该这样做”。

这种意见已经多余了。就在韦托里写下这些文字的时候，马基雅维利不仅放弃了重回政坛的想法，而且也停止了他关于人的行动及其行事方式的研究。他于1514年夏天致信韦托里，“我不再因阅读古人之事或讨论今人之事而兴奋。”现在，马基雅维利的努力付之东流，他似乎也相信了，一旦遭到命运女神的遗弃，即使是极具德行的人也将束手无策。

第十六章

马基雅维利之所以不再勤奋地研究，不仅是因为他对《君主论》未被接纳感到失望，还有一个快乐的原因：马基雅维利坠入情网了。1514 年夏天，他告诉弗朗切斯科 · 韦托里，命运女神终于对他微笑了："因为在乡间，我遇到了一个极优雅、极有教养、天性和家世都极高贵的尤物，我的赞美和爱情永远无法配得上她。"

这位高贵优雅的尤物究竟是谁我们不能确定。她应该不是一名像"里恰小姐"或者"让娜"那样的妓女，而是一位被遗弃的妻子，一个名叫尼可罗 · 塔法尼的当地人的妹妹。塔法尼的妹夫乔瓦尼带着妻子的嫁妆跑到罗马去了，于是塔法尼请马基雅维利帮忙追查这个流氓。马基雅维利转而恳求韦托里提供援助，在此过程中，他发现自己陷入"维纳斯编织的金网"，这件事给他带来了难得的平和心态。尽管已经陷入"极大的痛苦"，不过，马基雅维利告诉韦托里，他觉得"其中亦有巨大的甜蜜，这是因为那绝世无双的容颜带给我喜悦，也是因为我为此抛开了一切痛苦的记忆"。我们不清楚容易焦虑和不安的玛丽埃塔对她丈夫最近这段露水情缘作何反应，当然前提是她确实知悉；不过，十几年的婚姻一定使她适应了这个沉迷于"信步闲逛和四处留情"的男人的生活方式。

马基雅维利或许已经把他的痛苦置于一旁，但他并没有完全舍弃讨论政治。12 月，他收到韦托里的来信，信中咨询他在当前的政治气候下，利奥十世该如何维护教会的权力和威望。法国人正试图重夺米兰，教皇是应该与之结盟呢，还是应该同德意志皇帝和西班牙站在一起，从而更好地实现自身利益呢？“请好好研究一下，”韦托里指示他，“我知道您拥有这种智慧，虽然您离开这一行已两年之久，但我不认为您把干这行的本事忘光了”。他确实没忘光。马基雅维以一封三千五百字的信回复了他的朋友，在这封信里，马基雅维利以其丰富的智慧和经验给朋友提供了建议。“我认为在过去二十年里没有比这更重大的问题了”，随后他列举了各种可能的结盟的利弊，最终明确提出赞成与法国结盟。十天后，由于没有收到来自罗马的回信，马基雅维利又就此主题寄出了一封一千二百字的信件。“您惹起了我的谈兴。”他告诉韦托里。

马基雅维利的希望也再次被燃起。他向韦托里坦诚，倘蒙命运女神眷顾，令美第奇再次起用他，“无论处理佛罗伦萨的内部抑或外部事务”，他将感到心满意足。毫无疑问，马基雅维利希望韦托里把这两封信呈给教皇利奥十世及其堂弟朱里奥 · 德 · 美第奇。时年 36 岁的朱里奥是“豪华者”洛伦佐的侄子，正担任佛罗伦萨的大主教。据韦托里说，这两人“对信中的智慧和判断力感到惊叹，”不过，“他们除了语言上称赞之外，什么也没有表示”。也就是说，梵蒂冈没有任何差事给他。通过韦托里，唯一从罗马来的是一卷蓝色纱线，马基雅维利买来要为自己的情人织一双袜子。

不过，希望总还是有的。1515年初，有赖于韦托里的弟弟保罗的帮助，另一丝微弱的希望之光出现了。因为教皇利奥十世决意使朱利亚诺·德·美第奇成为罗马涅的统治者，而由于保罗·韦托里与朱利亚诺是好朋友，他几乎肯定要成为这个新的君主国里某个城市的总督——如此一来，同样可以肯定的是，他终于可以为马基雅维利做点事情了。保罗和马基雅维利开始在佛罗伦萨会面，商讨如何统治一个新的君主国，请马基雅维利提供自己的建议。马基雅维利劝谏保罗效法切萨雷·博尔贾——“他的行事我任何时候都会模仿”——专注于将罗马涅统一为一个国家。保罗对这个建议印象深刻，但起用他的建议被否决了，马基雅维利的希望又被挫败了，否决他的不是别人，正是佛罗伦萨大主教。听说保罗打算招纳马基雅维利，大主教严厉地通知教皇秘书“不要给尼可罗任何事做”。马基雅维利的建议不受欢迎，但或许还会被考虑；可在美第奇家族的眼里，马基雅维利本人显然不是一个值得信赖的人。

“对我自己、家人和朋友们来说，我已毫无用处”，几个月以后，马基雅维利沮丧地写信给他的外甥乔瓦尼，“因为我悲哀的命运早已注定如此”。不过，他承受住了命运女神的新打击，像真正有德行的人一样，开始思考用其他方法来对抗逆境。“我在等待时机，”他告诉乔瓦尼，“所以若幸运女神到来，我就可以抓住她”。尽管屡屡遭遇粗暴和直接的拒绝，他仍然没有放弃和美第奇家族接触的希望；并且在接下来的几个月里，他再度把注意力放回到他那项对君主和君主国的小小研究上。

*　*　*

除了“豪华者”洛伦佐，马基雅维利还没有如此拼命讨好过哪个美第奇家族成员，但结果还是无功而返。利奥十世对华丽和奢侈的热爱与他的父亲如出一辙（据说利奥十世当选时曾说：“既然上帝把教皇的权柄赐予我们，我们就好好享用吧”），却没能继承其父的审美情趣和外交技巧。染有梅毒的朱利亚诺庸庸碌碌无所建树，而他们的大主教堂弟，尽管聪明能干，却极其优柔寡断。马基雅维利曾盼望洛伦佐统治时代的荣光能够重回佛罗伦萨，但 1515 年底的一场悲剧象征着这一希望的破灭。当时利奥正在佛罗伦萨出席一场精心安排的庆祝活动，庆典用一个从头到脚涂满金色染料的男孩象征“黄金时代”，三天后这个男孩便因染料腐蚀皮肤而死。

美第奇家族中最差劲的一个可能就是已故的“不幸者”皮耶罗的儿子洛伦佐。除了名字，洛伦佐 · 迪 · 皮耶罗 · 德 · 美第奇与他那卓越的祖父再无任何相同之处。米开朗基罗曾为洛伦佐塑像，将这位年轻人（生于 1492 年）塑造成一个典型的沉思者：穿着古代的战士服装，坐在圣洛伦佐教堂的新圣器室，沉浸在哲学的遐想之中，黎明与黄昏两个神的塑像斜倚在他穿着草鞋的脚边，没有哪个形象比这更离谱了。实际上，洛伦佐完全是一个傲慢、无能、固执和放纵的低能儿，安静的哲学沉思在他的一生中一刻都未曾有过。然而，在 1515 年，马基雅维利正是将他的希望——无疑还有他对整个意大利的希望——寄托在这个蠢货身上。

早在 1514 年，马基雅维利就曾声称对年轻的洛伦佐·德·美第奇印象深刻。“全城对他寄予厚望，”他写信给韦托里，“每个人似乎开始从他身上找到了对他祖父的幸福回忆。”这是一种很奇怪的赞美。马基雅维利是佛罗伦萨少数几个对洛伦佐持赞扬态度的人之一，而实际上洛伦佐的所作所为与他们的赞美背道而驰，他既没唤起人们对他的深切希望，也没勾起大家对他那广受爱戴的祖父的美好回忆。他在公开场合总是带着全副武装的卫队，为了一己之私撤掉许多市政官员，到 1514 年他已经把自己搞得很不受欢迎了。他还蓄有西班牙风格的胡须，并要求人们在对他讲话之前必须脱帽，这都惹来众怒。他傲慢残暴的行为使得民怨沸腾，他那位大主教亲戚则为此写了一封措辞严厉的信，敦促他矫正自己的行为以顺应民意。

洛伦佐对这些呼吁置若罔闻。虽然他未立寸功甚至没上过战场，1515 年春，他却被授予卫队长头衔，成了共和国军队的指挥官，享受着三万五千弗罗林的巨额年薪。他本应当是听命于执政团的，但在佛罗伦萨，很多人认为他现在正准备取得绝对的权力。无论何时何地，他都端着不可一世的臭架子，从不听取公民意见。此外，他毫不掩饰地表示，与罗马和利奥十世的教廷相比，佛罗伦萨就是一潭死水。他公开表示自己垂涎于米兰公国（简直白日做梦）和乌尔比诺（这倒多少有些靠谱）。到 1516 年初，他不仅成功地失掉了民心，也疏远了很多忠于美第奇家族的权贵们。同年 4 月，他已经众叛亲离，以致有一则满怀希望的传言流布甚广：法国的新国王弗朗索瓦一世正准备入侵佛罗伦萨，恢复皮耶罗·索德里尼和“大议会”的统治。

就在这样一个极不合时宜的时刻，马基雅维利决定不再把《君主论》献给朱利亚诺·德·美第奇——他在1516年3月死于梅毒——而是献给这个万众鄙视、昏聩无能的洛伦佐。在1516年上半年的某个时候，他写了一封呈献给“豪华者洛伦佐·德·美第奇”的信，解释他如何希望这位年轻人能“认真地”阅读和思考这部著作，从而“祈望你达到命运之神和你的其他条件使你有希望达到的伟大地位”。祈求洛伦佐·德·美第奇能专注于此书，马基雅维利又是在可悲地自欺了。虽然马基雅维利对美第奇的拒绝已经习以为常，但他还是对那令洛伦佐声名狼藉的傲慢感到震惊。他向洛伦佐呈献文章的时候，碰巧有人送给洛伦佐两只猎狗，据称洛伦佐对此倍感谢意和热情。传说马基雅维利离开的时候，“怀着极大的愤慨，告诉他的朋友说他不是那种阴谋反对君主的人，但是如果君主们坚持我行我素，那么阴谋肯定会发生”。他一语成谶。

* * *

虽然马基雅维利仍然要在佩尔库西纳的圣安德里亚的庄园里度过很多年，但到1517年夏天，他有更多的理由要定期探访佛罗伦萨。令他非常开心的是，他加入了一个高贵的密友圈子，其品味不知比那些在“陋室”旁边的客栈里打牌的人高多少。

在过去的二十五年里，普拉托大门附近的鲁切拉伊家的花园一直是佛罗伦萨最棒的谈论思想和政治的所在。在过去的一个世纪中，鲁切拉伊家族一直是佛罗伦萨最富有的家族之一。他们的财富和他们的名字一样源于一种地衣，这种地衣生长在希腊和加那利群岛，被称为海石蕊；鲁切拉伊家族的祖先中有一个布料商人，把这种地衣变成了一种叫作苔红素的紫红色染料。贝尔纳多是讨论的发起人，他将自己那份家产用于收集文物以装点新圣玛丽亚教堂的正面，并且赢得了“豪华者”洛伦佐的姐姐南尼娜的芳心。1492 年洛伦佐去世后，他宫殿的花园里办起了柏拉图学院，由一群哲学家、诗人和人文主义者组成，这些人原本聚集在佛罗伦萨城外的卡雷吉庄园。1502 年以后，这些花园被称为“奥里切拉里花园”，成为反索德里尼派的聚会场所。贝尔纳多 · 鲁切拉伊和他的权贵朋友们一直是忠诚的美第奇派，1512 年就是贝尔纳多给了朱利亚诺贷款，付清了雷蒙·德·卡尔多纳的士兵们被欠的军饷，资助美第奇家族复辟。

十多年里，奥里切拉里花园一直是皮耶罗·索德里尼“走狗”的禁地，并且花园成员的确对马基雅维利充满反感。但在 1514 年贝尔纳多去世以及洛伦佐 · 德 · 美第奇以威权手段坏掉自己的名声以后，奥里切拉里花园成员们的政治态度发生了转变。等到 1517 年马基雅维利成为奥里切拉里花园的常客时，那里已经是反美第奇的异见分子的温床了——然而，应该注意的是，有几个成员，如 1517 年执政团的一个成员菲利波 · 德 · 内利，仍然是坚定的美第奇派。不过，马基雅维利现身于鲁切拉伊宫的众多古代雕塑和修剪齐整的小树林中，不仅仅意味着他渴望着思想上的共鸣，而且还说明他逐渐看清了美第奇政权。

在鲁切拉伊花园的众多年轻人里，马基雅维利肯定能够找到自己的知音。他称这些伙伴常客为他的“午间朋友”，也许是为了和他那些“午夜朋友”形成对照，后者指的是和他一起赌博的狐朋狗友们，以及与他鬼混的妓女们。鲁切拉伊花园中的哲学热情和愉悦的社交活动，正是他罢官五年来所缺乏的。花园的主人是贝尔纳多的侄子科西莫·鲁切拉伊[①]，因为痛风，这个年轻人腿跛得非常厉害，又饱受梅毒之苦，以致得被抬进花园，他充满智慧与风度地在一张类似摇篮的床上主持讨论。其他成员中有一个23岁的圣经学者，名叫安东尼奥·布鲁乔利（他翻译的《旧约》和《新约》引起宗教裁判所的注意要晚得多）和一个名叫亚科波·纳尔迪的41岁的剧作家、萨佛纳罗拉的前追随者（和未来的佛罗伦萨历史学家）。与马基雅维利最亲密的，除了科西莫外，就是路易吉·阿拉曼尼了，他是一个知名的诗人；还有扎诺比·布昂德尔蒙蒂，他来自一个古老的佛罗伦萨家族。他们走到了一起，主要讨论哲学、历史、文学和治国术。然而，由于纳尔迪像马基雅维利一样，是一位狂欢节歌曲的作曲家，毫无疑问，在奥里切拉里花园的许多时光都是在拂动三弦琴并慷慨高歌中度过的。

美第奇家族拒绝马基雅维利的政治思考和建言，奥里切拉里花园的成员们却总是渴望听到他的讲演。加入后不久，他开始给他们诵读他自己四五年前断断续续撰写的一本著作的片段，这是对一本他十分熟悉和欣赏的书——李维《罗马史》（这本书是他的父亲贝尔纳多在1475年为一位出版商编制地名索引时获得的）——的评论。李维大约在公元前29年开始写这部巨著，一

① 原文有误，科西莫·鲁切拉伊（Cosimo Rucellai）是贝尔纳多·鲁切拉伊的孙子而非侄子。

共写了一百四十二卷（其中只有三十五卷流传下来），涉及了整个古代罗马的历史，从特洛伊城衰落后罗马建城开始写起。然而，这部书不仅仅是一本简单的编年体著作。李维在他的前言中写道："从未有过哪个国家比我们更伟大、更纯粹，像我们这样涌现出许许多多好公民和高贵的行为。"在他的前言中，李维还声称，历史研究"是医治不健康的心灵的最佳良药"，因为它可以同时提供"范例与警示：从中为你和你的国家吸取你所应当仿效的东西，帮你避免你应当避免的开端恶劣与结局不光彩的东西"。

马基雅维利在这两个方面都同意李维的看法。他看重李维对罗马辉煌历史的叙述，因为从中可以得出某些政治上的教训，然后把它们应用到现今不健康的佛罗伦萨政治上来。如果隐藏在罗马共和国成功背后的原因可以被正确理解的话，那么这些久远的胜利就有可能重演。如果说《君主论》讨论的是如何获得、统治和维持一个君主国，那么他的新书——名为《论李维〈罗马史〉前十卷》——就是在思考如何建立并维持一个健康的共和国的运转。马基雅维利仍然在探究权力的机制，不过这一次的角度是以大众政府的角度而不是从君主政府的角度。这五年来美第奇对佛罗伦萨的寡头统治，显然使得他与奥里切拉里花园的朋友们一样，怀念一个更加纯粹的共和政府。

马基雅维利在《李维史论》中首要关注的是政治自由。由于他论证说只有大众政府才能使城邦经济繁荣、武力强盛，那么一个明显的问题就是，如何才能获得和保有这种自由呢？李维自己相信命运女神的眷顾几乎总是在其中的，但马基雅维利强调自由在很大程度上要依靠大众的德行。罗马共和国的例子表明，必须抛开个人的自私自利以培育爱国主义、成就更大的善。但是，对于如何在城邦的大众中培育这样一种德行和爱国主义，马基雅维利感到疑惑，正如《君主论》中一条冷冰冰的格言写的，大部分人“更易倾向于作恶而不是行善”。[1]

要回答这个棘手的问题，马基雅维利转而仔细地研读罗马共和国的历史和制度。他考察了优秀的领导、强制性法律、鼓舞人心的宗教（他尤其欣赏罗马的神圣誓言和流血牺牲）所发挥的作用，他还考察了能够吸纳贵族和平民的混合政府。在马基雅维利的长篇讨论中，对古罗马的礼赞充满了对其逝去荣光的追思及对当下意大利现状——腐化、奴役、军事衰落——的憎恶。佛罗伦萨更是遭到了言辞尖锐的批评。马基雅维利认为，这个城市从一开始就注定走向衰落。就在《李维史论》第一卷的第一章中，他严厉地指出由外人建立起来的城邦（他指出，佛罗伦萨是罗马帝国的人建立的）“很少取得巨大成就”，因此也很难进入“王国的首要城市之列”。在《李维史论》的其他地方，他论证道，从一开始就被其他国家奴役的城邦将会发现自己要获得继而保存自由“不仅很困难而且不可能”。实际上，佛罗伦萨的伟大和自由早已被扼杀在摇篮之中。

《李维史论》更关注大众政府而非君主政府——更关注多数人的统治而非少数人统治——这一定会让奥里切拉里花园中的某些人感到惊讶，因为他们知道马基雅维利可是《君主论》的作者。然而，马基雅维利上一部作品的读者一定不会对这部著作中的许多部分感到陌生。马基雅维利颂扬在战争中运用诈术，他指出，不论无信看起来多么可憎，“但在进行战争时它是值得称颂和光荣的”。当他写道必须使用极端的手段从敌人的手中挽救共和国之时，另一个熟悉的训诫出现了：“在决定祖国存亡的关头，根本不容考虑是正义还是不正义，是仁慈还是残忍，是值得称颂还是可耻的”。在这里，唯一需要考虑的是什么能够拯救国家并维持其自由。在这一点上，皮耶罗·索德里尼治下的佛罗伦萨在1512年发生的事情显然对马基雅维利的观点产生了影响，因为当时他反对索德里尼依赖“耐心和善意”并尊重法律，认为应当采取非常手段——甚至是暴力和压制——抵抗美第奇家族，从而保护自己和佛罗伦萨。

在奥里切拉里花园的听众们不会不对马基雅维利的《李维史论》印象深刻。这部著作的精彩是无可争辩的，从微观审视到宏观研究都带着沉稳的自信。渊博、不安且雄心勃勃，再辅以马基雅维利洗练的文笔，其目的仍旧是在解释治国之道的普遍性法则。为了达到这个目标，他的方法是先提出假设，然后进行验证——这成为一个运用归纳推理方法的早期案例，这种方法迅速成为科学方法的基础。《李维史论》甚至比《君主论》更能证明马基雅维利那十五年的从政经验如何让他精确地和持续地研究国家的艺术。

不过，尽管有敏锐的观察和娴熟的论证技巧，但在整个作品的中心却存在一个奇怪的矛盾。马基雅维利在第一卷的前言中宣称，他希望他的读者加入他，用一种勤奋的方式研究过去并且效法古代人的最好事例。他让我们相信效法古人是可能的，因为人性就像太阳的运动和元素的构成一样，是亘古不变的。因此，十六世纪的意大利人，行为方式与古人保持一致，具有同样的爱国情操和德行，这在理论上是可能的。然而，效法古人是以自觉选择为前提的。实际上，人类是否能够自由选择他们的行事方式，马基雅维利对此深表怀疑。

关键性的段落出现在第三卷第九章，这一章题为“若希望总是顺利，必须因时制宜”。这种随时代而变的主题与《君主论》的论述——如“时代与其行事方式相一致”的人将获成功——颇为相似。但在《李维史论》的这一章中，马基雅维利郑重其事地重复了他早年的观点，他曾在给焦万·巴蒂斯塔·索德里尼的信中探讨过他对人的行动及其行事方式的观察。“我思考过好多次，”他写道，“人们的好运和厄运取决于他们如何处理与时代的关系。”他认为，有些人受“欲望”驱使，有些人行事都经过“深思熟虑”。这两种方法都可能取得成功，全然取决于最重要的变量——特定的历史环境。秘诀是知道什么时候应迅速行动，什么时候要深思熟虑、小心谨慎。

不过，就那封马基雅维利在1506年给焦万·巴蒂斯塔的信而言，马基雅维利对是否有人能做出这样的选择持悲观态度。如今他又提供了两个最新的例子，那就是皮耶罗·索德里尼和尤利乌斯二世。他指出，前者在其所有事务上表现出了“善意和耐心”（对这个说法，1509年被围困挨饿的比萨人恐怕要翻翻白眼儿了）；当时代与他的这种行事方式相符时，他和他的祖国就繁荣昌盛，“而当后来需要打破耐心和谦恭的时代到来的时候，他却无法做到这一点，因此他和他的祖国一起毁灭了”。尤利乌斯二世则是另一种情况，行事“一贯冲动和仓促”，由于时代和他行事方式相符，他在事业上获得成功；但是，当时代需要耐性和谦逊，“他必定毁灭，因为他不可能改变他的行为方式和习惯”。

索德里尼和尤利乌斯都无法改变自己的行事方式或行为，其中的原因有两层。首先，靠横冲直撞取得巨大成功的人会发现，当有人警告他应采取不同的行动方式时，他很难听得进去。但还有一个更强大的障碍，那就是——正如马基雅维利曾写过的：“我们不能违背天性赋予我们的喜好”。这一必然性法则意味着，尤利乌斯将总是冲动、易怒，而索德里尼一直很有耐心，为人谦逊。他们两人谁也不可能按照对方的行为方式行事，例如索德里尼采取尤利乌斯的行事方式，或者反过来。1506 年，马基雅维利曾对焦万·巴蒂斯塔·索德里尼表示：“人无法克服自己的本性。”统治者根本不能从历史中吸取教训，又无法明智地改变自己以适应时代的气息，他们完全无力改变自己的行为方式。

马基雅维利提出这一关于人性的悲观论点挺奇怪的，因为这样一来就消解了像《君主论》和《李维史论》这样的作品的全部观点。这些作品本打算给领导者开出政治药方，向他们展示如何通过改变他们的方向和思想取得成功。然而马基雅维利认为没有人可以做出这种至关重要的改变：所有人都被动地接受着自己的天性。但是，如果一个君主不能改变他的本性和由此决定的行为方式，如果他在政治决策中没有选择权，那么，花费这么多笔墨给出智慧和建议是为了什么呢？一方面，马基雅维利的著作假定人拥有行动的自由以及研究历史将教会他们最好的策略；另一方面，他又否认他们的这种自由，而使他们成为自己本性的无奈的玩物，一旦他们脱离时代，就不可避免地注定失败。

马基雅维利的《李维史论》同样非常怀疑人对抗命运女神的能力。在《君主论》中，他写过通过运用德行或可对抗命运女神。不过，等他写作《李维史论》的时候，命运女神显然是不容反抗的。第二卷第二十九章的题目令人厌恶（也很冗长）：“当命运不希望人们阻碍它的计划时，会蒙蔽他们的心智。”在这里，他声称：“人类能够顺从命运女神，却不能对抗她；能够编织她的纱线，却不能折断它们。”不过，这并不是对付绝望的办法，因为他说总是“走不寻常且不为人知的路”的人，命运女神终有一天会关照他们。在《君主论》中，充满干劲的有德行之人会加强防守以对抗命运女神，用双拳打击她，而在《李维史论》中这个形象已经变成了一个只会等待和盼望的人。在这些相当令人沮丧的字里行间，我们看见了一个垂头丧气的人在陋室里焦急地等待一个永远也不会到来的召唤。

第十七章

马基雅维利在1517年底给奥里切拉里花园的一位朋友写了一封长信，这个朋友就是23岁的路易吉·阿拉曼尼，他最近去了趟罗马。马基雅维利告诉阿拉曼尼他是如何阅读卢多维科·阿里奥斯托的史诗《疯狂的奥兰多》的，其中前四十篇已经在1516年春天刊发了。几年前，马基雅维利见过这位费拉拉的宫廷诗人，大概是在罗马或者更有可能是在佛罗伦萨，因为阿里奥斯托从1513年3月开始在佛罗伦萨逗留了六个月。在此期间，这位诗人就住在老桥南端的一个破旧的马耳他骑士团招待所里，距离马基雅维利家只有几步之遥。

马基雅维利对阿里奥斯托的著作赞不绝口。“整部诗作非常精美，许多小节简直是神来之笔”，他告诉阿拉曼尼，请代自己向作者致意。[1]然而，他也确实有一个小小的不满。阿里奥斯托的庞杂诗歌歌颂了一些同时代的画家包括米开朗基罗（“神一般的存在”）、莱昂纳多、拉斐尔和提香，还有一些诗人和作家，如彼得罗·本博、巴尔达萨雷·卡斯蒂廖内，甚至路易吉·阿拉曼尼本人。然而，没有一处提到马基雅维利的名字。马基雅维利对这个明显的疏漏感到恼火，或者装作感到恼火。“他提到了那么多诗人，”他写信给阿拉曼尼说，“却把我像个笨蛋一样漏掉了。”

阿里奥斯托可能对马基雅维利自认为是个诗人感到很惊讶。他也一定是对马基雅维利的要求不服气，因为在随后的三十万字修订扩展版诗歌（新版本在1521年和1532年出版）里，意大利著名诗人名录上依然没有为马基雅维利的名字留下位置。虽然如此，到1517年的时候，随着马基雅维利对被美第奇任用的愿望逐渐褪淡，他的文学抱负却日益增长，他不仅做诗而且还创作了一部小说和几出戏剧。这算是相当高产了，因为当时他很可能正在对《李维史论》做最后的润色工作。

最初几次到访奥里切拉里花园的时候，马基雅维利正倾力创作一首题为《驴》的滑稽诗（The Ass,通常被误称为《金驴记》），他雄心勃勃地采用了三行体，这种格律源于但丁的《神曲》。这部讽刺作品的部分灵感来自卢奇乌斯·阿普列乌斯的《金驴记》，那是一部下流的拉丁语小说，讲述了一个年轻人痴迷于魔术结果幻化成了一头驴的故事，这个故事部分借用了喀耳刻的传说。喀耳刻是一个能把人变成野兽的女巫。马基雅维利很可能在奥里切拉里花园给他的朋友们读过《驴》的若干片段。果真如此的话，对于那些同样听过他的《李维史论》的朋友来说，这首诗听起来有点耳熟。

在《驴》的开场，马基雅维利将不幸中自己的自伤自怜转化为一个喜剧形象。在开头的几句中，诗的叙说者把自己比成他所吟诵的一头驴，指出他对诽谤和忘恩负义已经习以为常，并且对于自己付出的辛劳“不指望酬劳、奖赏或偿报”。然后，他讲述了一个古怪但又具有启发性的寓言故事，主角是一个染上怪病的佛罗伦萨年轻人，“症状是他总在大街和小巷狂奔，时时刻刻都无人愿搭理”。忧心忡忡的父亲咨询了很多有智慧的人，他们提出了各式各样的疗治办法，全都无济于事。最后，一个江湖郎中开始治疗那位青年，他把上百种香水放在青年的鼻子前，还从头上放了血。这位郎中还提出了一个苛刻的医嘱：如果无人陪伴或者看守，绝对不能让年轻人上街。治疗似乎发挥作用，直到有一天，病人被允许与他的两个兄弟到外面去。当他来到了马尔泰利路，从那里他可以看到宽阔和笔直延伸的拉尔加路①，“他一头的乱发直竖。这年轻人照管不住自己,看着这大路笔直又开阔，就要寻回过去的惯常快乐”。

男孩沿着拉尔加路一路狂奔，对马基雅维利的读者来说，这个故事的启示是再清晰不过的：“因为我们的头脑，总是要跟随它的自然本性，不给我们用以抗拒习惯或自然的坚强防护。”几年前，在写给焦万·巴蒂斯塔·索德里尼的信中，马基雅维利所阐发的就是这样的宿命论，后来在《李维史论》中又加以强调。

马基雅维利最终没有完成这首诗作，如此粗糙的品质自然难获阿里奥斯托的好评。但是，这首诗引人注目之处在于它以凄凉和悔恨的视角观察了人的境况。哲学家和神学家通常坚持在人类和野兽之间有一个本质的区分。但丁在《飨宴篇》第三卷中的论述就属于这样一个悠久的传统，他认为理性的灵魂是人类独有的。大多数作家认可更高的理性能够使人抑制住自己的兽性本能而参与到神性中去，用但丁的话说：“人因此被哲学家称为神圣的动物。”但对马基雅维利来说，人这种动物没什么神性可言，（正如一头猪告诉叙述者）人这种造物比任何野兽都

① 马尔泰利路与拉尔加路相连，连接处便是美第奇家族的宅邸。

更加脆弱和可怜——还更易受到命运的随意摆布。在《驴》中，野兽的变形是以一种比喻的方式来论证人永远不可能违背天性，在《李维史论》中也有类似观点。

可能在同时（具体日期不详），马基雅维利还创作了另一部作品，一部三千字左右的小说《贝尔法哥——魔鬼娶亲记》。这是另一个有关变形的讽刺故事，讲述的是一个名叫贝尔法哥的魔鬼被冥王普鲁托派往人世去调查是不是真像那些下到地狱的人所说，妻子是世间一切不幸的原因。这个故事的文学性或许乏善可陈，更为有趣的乃是这个故事所暗示的马基雅维利和玛丽埃塔的关系，以及马基雅维利对婚姻的一般看法。离开地狱后，贝尔法哥来到了佛罗伦萨，和一个名叫奥内斯塔的贵族少女结婚，不久由于她的挥霍奢侈，贝尔法哥破产了。他在躲避债权人时，碰到了农民贾马太，贾马太把贝尔法哥藏到了一堆粪肥里面。此后贝尔法哥设计了一系列的骗局，遭遇种种奇遇，直到他自己被骗以为奥内斯塔要来把他捉回去，结果落荒而逃返回冥界。他宁可逃回备受折磨的地狱，也不愿意把“烦恼、令人焦虑、危险”的“婚姻枷锁”套在自己身上。

1517 年末或 1518 年初，马基雅维利创作了五幕剧《安德罗斯女子》，其中对婚姻与人际关系的看法稍显乐观。严格说这不是一部原创的戏剧，而是翻译自罗马剧作家泰伦提乌斯的同名剧，不过里面有了不少改编和更新。这部作品遵循着一种历史悠久的喜剧套路：一个坠入爱河的年轻人（潘菲洛）不顾父亲的反对希望迎娶一位年轻女子，继而由于一个意想不到的情节，他揭开了心上人的真实身份并最终得偿所愿。因为它有着罗马渊源，所以这部喜剧所展现的一些主题与《君主论》提供的建议之间存在极大差异，例如，这部喜剧强调信守誓言的重要性：求婚者潘菲洛就是因为对心上人和父亲都信守承诺才最终成功。更有趣的是，该剧证明密谋和卑劣的诡计都是徒劳的，剧中一个名叫达沃的奴隶——被描绘为一个下流的人——他的诡计都落空了。欺诈招致失败，而诚实赢得奖赏和幸福。将达沃诡计的缺点放置在戏剧传统之下来看是相当有趣的，因为他是个广为人知的典型形象“骗人的奴隶”，这种角色通常会策划一些阴谋，到头来却为主人公带来成功与幸福。

1518 年，在马基雅维利创作的另一部喜剧中，阴谋和诡计发挥了更好的作用。与《安德罗斯女子》不同,五幕剧《曼陀罗》是一部完全原创的剧目。马基雅维利在这出剧中自由地发挥了敏锐的智慧和放纵的想象力。它在开场时遵循着罗马喜剧的习惯设计：一个年轻男子（卡利马科）钟情于一位漂亮的年轻妇女（卢克蕾佳），但他面对一个阻碍——虽然这一次对这对恋人的阻碍不是一个极力反对的父亲，而是这位女子的丈夫，一个愚蠢的公证人，以及这位女子的美德。卡利马科的幸福只有通过私通才能获得，这一事实表明这是一个比《安德罗斯女子》还要黑暗的道德世界。然而，在“序歌”中，马基雅维利解释说，如果这个题材看上去太过轻浮或者不合适，那么观众应该牢记作者的不愉快经历。马基雅维利为被迫赋闲在佩尔库西纳的圣安德里亚而抱怨不已，正如他描述的那样：

……没有别的去处
可以让他露个头脸，

因为他已被禁止

展现其德性的其他方面，

对他的辛劳也没个偿报。[II]

这部戏剧同时也包括了对佛罗伦萨的腐化和不公的猛烈抨击，正如一个角色所评论的，在这个城市里“尽是些臭狗屎”，“没有人看重德性。谁要是待在这儿，倒未必有人赏识他”。虽然这是借尼洽老爷——那个愚蠢的年老丈夫之口说出来的话，但毫无疑问，这些话都反映了马基雅维利的觉醒，他的忘我辛劳换来的只是忘恩负义和蔑视。

《曼陀罗》有一个精心炮制的恶作剧情节。卡利马科相信他的食客李古潦——以前是个拉皮条的——能够欺骗尼洽以使自己和卢克蕾佳同床。这个计谋就是卡利马科冒充医生，并且给渴望子嗣的尼洽一剂药，保证能使卢克蕾佳怀孕。药是由曼陀罗草的根制成的，这种植物通常与疾病和死亡有关（曼陀罗草的拉丁文是 mandragora，意思是“对牲畜有害”），而不是利于繁殖。有关这种植物的传说有很多，其中之一就是它生长在凶手被执行绞刑的地方。据另外一个传说，任何敢挖这种植物的人将不久于人世，所以为了拔起曼陀罗草必须把一条狗拴在这棵植物上，狗肯定会把草连根拔起而后咽气。

马基雅维利显然很了解这些传说，因此提供给尼洽的药有一个致命的缺点：头一个跟卢克蕾佳同房的男人因为她服了这药水，一个星期之内就会死掉。然而，有一个解决的办法。卡利马科告诉尼洽——就像牺牲狗来收获曼陀罗草一样——可以利用其他人来清除这毒药。这个权宜之计可以让卡利马科和卢克蕾佳同床，但首先得使尼洽同意，其次是必须说服卢克蕾佳（更成问题）牺牲一个据称不知情的受害者（其实就是卡利马科本人）的生命以期怀上孩子。尼洽是很容易被说服的，但为了劝说卢克蕾佳同意，她的母亲和一个腐败的修士——提莫窦，也加入劝说之列。卢克蕾佳最终听从建议，喝下药水，并且与卡利马科同床。卢克蕾佳从卡利马科的事后忏悔知悉了整个阴谋的细节，她下定决心“全凭天主旨意”——这就是大团圆结局——同意继续和卡利马科同床，直到老尼洽死去，他们俩就可以结婚了。

这是一出充满精彩的低俗喜剧。尼洽是一个极其出色的角色，一个自负的公证人，轻信使他自愿戴上绿帽子。还有一系列令人发笑的滑稽片段，如把尿液样本[1]呈现在舞台上，以及尼洽描述在让卡利马科与他的妻子睡觉之前，他是如何仔细地检查卡利马科私处有没有梅毒的迹象。该剧同样以活泼通俗的语言获得成功。马基雅维利的词汇累积提供了一连串的感叹词，比如，“倒了血霉”（字面意思是“血淋林的大便”）和“搅屎棍”（“厕筹”）[2]。

这出喜剧的亮点是它对神职人员的讽刺，并展现了如何用最肆无忌惮的手段实现目的。当提莫窦修士劝导卢克蕾佳打破她的婚姻誓言和让其他人死于非命时，他的理由便是“什么事情都得看它的目的”。就像马基雅维利在《君主论》里所主张的那样，这个修士也使得美德和罪恶之间的关系变得复杂，声

① 当时医生常用肉眼观察尿液来诊病。

② “倒了血霉”(cacasangue)，由拉大便（cacare）和血（sangue）构成，“搅屎棍”(caccastecche)，由大便（cacca）和薄木片（stecche）构成。

称我们不能总是抱着传统道德标准不放。值得注意的是，由于修士的论证不乏诡辩且他纯粹是受到利益驱使，马基雅维利不仅是在恶搞一个腐败的神职人员形象，同时很有可能是在调侃自己在《君主论》中的观点。或者至少他是在暗示，政治领域中可接受的欺诈在男女关系上却并不是那么无可非议。

《曼陀罗》是在 1518 年（最迟是在 1519 年）完成的。马基雅维利并未对这出戏剧期望太高。在当时的佛罗伦萨（或者意大利的任何地方）还没有公共剧院。相比于那些广为流行的在狂欢节的广场上演出的大众戏剧，按剧本表演的喜剧仍然属于非主流文娱活动。意大利喜剧主要是以所谓的“博学喜剧”为主，这种喜剧以罗马剧作家普劳图斯和泰伦提乌斯的作品作为底本，用拉丁语在大学或者学院上演。不过，在那时已经有少数作家开始像马基雅维利改编《安德罗斯女子》那样，用意大利的方言、当时的背景和新式的角色来改编这些古代喜剧。1508 年，在费拉拉的宫廷上演了阿里奥斯托的《金柜》，该剧的原型是普劳图斯的《一坛金子》；1509 年，他的第二部戏《冒牌货》又登上舞台。几年后，1513 年狂欢节庆祝活动期间，乌尔比诺的宫廷又演出了贝尔纳多 · 多维齐 · 达 · 比比埃纳的《卡兰德拉》，也同样改编自普劳图斯的剧作。但是这些各式各样的戏剧不管多么妙趣横生、通俗易懂，都是由业余演员（有时候还有孩子）在小部分贵族观众面前表演的，地点通常是在宫廷——甚至是在利奥十世当选后的梵蒂冈。它们仅仅是作为一场盛大演出的一部分出现，例如，登载《冒牌货》信息的海报上还包括了音乐演奏、哑剧表演和一种叫作莫雷斯卡的舞蹈。1512 年，一群规模更小的观众观看了由马基雅维利的朋友亚科波 · 纳尔迪创作的《欢喜朋友》，这出戏改编自薄伽丘《十日谈》中的一个故事，只是为执政团成员演出。

总之，声望女神与命运女神从未垂青过一位喜剧作家。不过，马基雅维利可能已经意识到了，这些精雕细琢的戏剧（比如他的朋友阿里奥斯托创作的那些作品），是可以帮助自己讨好某些权势人物的。无论如何，在奥里切拉里花园演员们的参与下，《曼陀罗》在 1520 年的最初几个星期开始排练，并于 2 月狂欢节期间首演。关于这次演出我们所知无几，不过大概是面向数量有限的观众在奥里切拉里花园里露天演出的。戏里演员是业余的，有幕间音乐表演，所用背景幕布上勾勒着费拉拉城市风光，这块幕布《冒牌货》中也用过（相传是拉斐尔画的）。在那时，戏剧开头卡利马科的一句台词——“从来就没这么绝望过，真叫人走投无路啊。”——看起来非常应景。因为在这个新十年来临之际，马基雅维利突然就找到了时来运转的路。

* * *

在《君主论》的呈献对象死掉之后，马基雅维利的命运才开始好转。1519 年 5 月，26 岁的洛伦佐 · 迪 · 皮耶罗 · 德 · 美第奇死于梅毒。随后，城邦的事务由佛罗伦萨大主教朱里奥 · 德 · 美第奇主持。虽然此前，他曾告诫下属“不要给尼可罗任何事做”，但在 1520 年初，这位大主教给了他一件差事。这多亏了奥里切拉里花园成员之一洛伦佐·斯特罗齐牵线搭桥。1520 年 3 月中旬，在《曼陀罗》首演一个月后，大主教会见了马基雅维利。

这位大主教就佛罗伦萨政府应该如何运作广泛地征求了意见，很可能是在这次的会谈上，他委托马基雅维利从事一项考察，这项考察的报告也就是后来的《论小洛伦佐去世后佛罗伦萨的政务》一文。这篇政论文在1520年的某个时候写就，给出了如何既维护共和政体又能确保美第奇家族统治的政治蓝图。马基雅维利建议的措施包括同时恢复“大议会”和终身正义旗手等。这位大主教基本上是不会同意这些条款的，但至少马基雅维利又一次参与到政府事务的讨论中，不管多么边缘化。

在他会见大主教之后的一个月，马基雅维利收到了一个更加振奋的消息。1520年4月末，一位奥里切拉里花园的成员巴蒂斯塔·德拉·帕拉，激动地向马基雅维利讲述了他在罗马会见教皇利奥十世的情况。“我已跟教皇详细谈过您的事，”他告诉马基雅维利，“就目前看来，我觉得他对您十分有好感。”他说教皇有意委托马基雅维利“承担某种著述之役或别的事务”。教皇也是个喜爱戏剧的凡夫俗子。在1514年，他曾下令在罗马上演比比埃纳的《卡兰德拉》，现在他又对《曼陀罗》感兴趣了。看起来，他一得知这出戏剧在佛罗伦萨获得巨大成功（很可能从那位大主教堂弟处知道的），便要求在教廷使用原班人马和布景上演这出戏剧。“我认为这部戏会给他极大的快乐”，德拉·帕拉预测道。

没过多久，御前演出如愿登场，重现了它在佛罗伦萨的辉煌。教皇能够对这部以嘲笑腐败修士为主题的戏剧付之一笑还是值得称道的。因为大约就在同时，1520年6月，他开除了马丁·路德的教籍，马丁的《九十五条论纲》抨击了教士的“荒淫无度”和其他问题。无论如何，看来正是《曼陀罗》而非其他因素成为马基雅维利重获美第奇青睐的关键。一出满是床戏、不老实、教人腐败的低俗喜剧能做到的，《君主论》却没做到。

*　*　*

对于个人的文学生涯，马基雅维利做了比《曼陀罗》崇高得多的计划。他打算用那个为美第奇家族“承担某种著述之役”的机会倾全力写一部佛罗伦萨的历史，他期待这个重大项目能够得到美第奇家族的资助。1520 年夏天，一个展现他本领的机会来了，他被派往卢卡向一个破产的卢卡商人施压要求偿还他的债务。对于一个已经四次出使路易十二宫廷的人来说，这简直是小儿科，但在卢卡的短暂闲暇使得马基雅维利有机会为那项更宏大的历史著作进行一次“彩排”。在几个星期的空闲中，他写出了上万字的《卡斯特鲁乔 · 卡斯特拉卡尼传》，传主是一名红发的雇佣兵队长，出生在十四世纪的卢卡，还曾在 1325 年打败佛罗伦萨人。

《卡斯特鲁乔 · 卡斯特拉卡尼传》是一本有趣的读物，里面充满着奇闻轶事。然而，它并不完全是马基雅维利历史学家功夫的最好例证。传说和杜撰相当明显地被嫁接在卡斯特鲁乔生平上，里面时间和事实的运用颇为随意。例如马基雅维利编造说卡斯特鲁乔（他的姓“卡斯特拉卡尼”意为“阉狗者”）是一个弃婴——这样的杜撰应该是为了展现所有出类拔萃的人出身是何等卑贱或者如何“经历过命运女神所施加的非同寻常的艰辛”。[Ⅲ]马基雅维利喜爱的很多话题都可以在这部著作中找到，从命运女神的恶意（在卡斯特鲁乔的临终讲话中，他承认了是命运而不是德行主宰着人类事务）到对一个强大和坚定的领导者的需要。当然也有对卡斯特鲁乔“漂亮的欺骗”的赞扬，比如他在处理皮斯托亚（这座城市的长期不和使马基雅维利在1501年焦头烂额）的派系争斗问题时，先是向双方示好，然后同时残暴地屠杀双方。

夏末，马基雅维利把一份著作手稿给了扎诺比·布昂德尔蒙蒂和路易吉·阿拉曼尼（科西莫·鲁切拉伊已于一年前去世）。扎诺比回信给予高度评价，说该著作获得奥里切拉里花园成员们的“一致好评”——但他指出有些地方“尽管相当不错，但仍可增美”，尤其是要删去马基雅维利从古代圣贤那里搬来的名言警句，例如他把第欧根尼·拉尔修的格言错误地安到卡斯特鲁乔头上。不过，扎诺比认为马基雅维利这部“史书典范”证明他适合担负起撰写一部佛罗伦萨历史的重大任务。

不久之后这项任务成了现实。马基雅维利于9月中旬从卢卡返回，两个月后，他收到了来自利奥十世和大主教的委任，要求他撰写一部新的佛罗伦萨史。按照合同规定，他要撰写关于佛罗伦萨城邦的历史，“从他认为最合适的时间开始，所用的语言——或是拉丁语或是托斯卡纳语——只要他觉得合适即可”。他的报酬是一百个弗罗林，这个数比他担任第二秘书长的年薪少了二十八个弗罗林。不过，因这次委任而来的荣誉补偿了那相对减少的报酬。不仅仅是因为这项荣誉来自教皇，更是因为此举令马基雅维利跻身佛罗伦萨共和国的编年史家和历史学家之列，与包括波焦·布拉乔利尼和莱昂纳多·布鲁尼等大家并肩。布鲁尼在十五世纪二十年代完成了十二卷本的《佛罗伦萨人民史》，作为答谢，他和他的孩子们终身免税。

马基雅维利立即着手，将这些大家的著作和其他作品作为参考，其中包括他父亲 1485 年购买的弗拉维奥·比昂多的《罗马帝国衰亡以来的千年史》。他还参考了皮耶罗·米尼亚蒂编纂的佛罗伦萨编年史。在这部编年史的扉页上，他写了一首小诗："噢，马基雅维利，那将徜徉于此的人啊 / 请小心翻阅，让我远离火烛 / 请快快归还，让我远离孩童。"这些轻松和有趣的诗句证明马基雅维利的忧郁情绪已经烟消云散。经过八年的努力，他终于能够为美第奇家族效劳了。

第十八章

马基雅维利撰写佛罗伦萨史的工作在1521年的春天被打断了，像以往一样，他再度跨马为政务奔波。负责佛罗伦萨外交事务的“外务八人委员会”指派马基雅维利前往北部六十英里以外的卡尔皮城，圣方济各会的修士们正在那里举行总会议。虽然圣方济各会最近进行了改革，一些在佛罗伦萨的修士显然还是未能达到圣方济各会所要求的虔诚和克制。“外务八人委员会”发现一些修士德行败坏，于是下定决心对在佛罗伦萨领土内的修士们严加控制，以杜绝他们的罪行。派马基雅维利去磋商此事，真有点儿不可思议。

让一个曾丑闻缠身、终日游荡在佛罗伦萨烟花柳巷里的人去向圣方济各会的修士指出他们的道德失检，可真够荒谬；不过，马基雅维利对此并不在意，他轻佻地称这次是要他出使所谓的“木屐共和国”[①]。对于修士们来说，他们一定也很惊讶，佛罗伦萨派来的使者竟然是那个挖苦修士的《曼陀罗》的作者。可以料想的是，在未来数天当中，整件事情很快就沦为一场闹剧，马基雅维利开始在那些摸不着头脑的修士中间搬弄是非。马基雅维利百无聊赖地等着圣方济各会的修士选出他们的头头，于是便开始盘算某种法子（正如他在一封信中告诉朋友的那样）：“可

① 此戏称因圣方济各会坚持清苦的生活。

以在他们中间激起争端……使他们穿着他们的木屐相互追逐。”很快，他就把他的朋友——附近的摩德纳总督弗朗切斯科·圭恰迪尼——拉进了这场恶作剧，圭恰迪尼往马基雅维利在卡尔皮的住处连续不断地派出使者。使者奔驰而来，带着似乎是重要的文件；这是要让圣方济各会的修士们觉得马基雅维利正在参与某些重大事务。然而，诡计开始露出马脚，马基雅维利的东道主、一个名叫吉斯蒙多·桑蒂的卡尔皮要员开始怀疑他。马基雅维利在吉斯蒙多的宅邸一直都受到盛情款待,享受着“豪华大床”和丰盛的膳食，每顿饭“够喂饱六条狗和三头狼”了。马基雅维利开始担心，感到被愚弄的吉斯蒙多可能会把自己扫地出门，打发他去住店。马基雅维利给圭恰迪尼写了一封信，急切地请求他撤走那些飞驰而来的信使，这个玩笑才算告终。

马基雅维利还有第二次出访卡尔皮的任务。他被羊毛业行会的委员们派去负责为四旬斋的布道找一个布道者；这些委员尤其希望马基雅维利能找到一个名叫乔瓦尼·瓜尔贝托·达·菲伦泽的圣方济各会修士，此人也被称为“罗瓦约”（Il Rovaio，这个名字是北风的意思，大概是想说明乔瓦尼修士的说教风格很严厉）。圭恰迪尼发现他朋友的这项任务荒谬到可笑，他告诉马基雅维利，这无异于为那个臭名昭著的佛罗伦萨同性恋帕基耶罗托找一个美丽贤淑的妻子。至于罗瓦约本人——马基雅维利称他为“叛徒罗瓦约”——还在拖拖沓沓，因为他抱怨佛罗伦萨根本听不进他的话。他气愤地告诉马基雅维利，他曾经在佛罗伦萨布道，要求所有的妓女佩戴黄色的面纱，但是他的姐妹给他来过信，佛罗伦萨的妓女们“随意上街，屁股比以前扭得更厉害了”。令马基雅维利感到宽慰的是，月底他又回到了陋室，埋头于他的书籍和著述当中。

*　*　*

马基雅维利的卡尔皮之行和他处理圣方济各会修士事务的经历，让他对宗教的一般看法，特别是对基督教的看法产生了质疑。圭恰迪尼玩笑般地提醒马基雅维利，不要长时间地待在卡尔皮，以防“圣洁的托钵僧们可能把伪善的毛病传染给您”；并且他注意到如果马基雅维利突然开始信教，人们会将此归因于“衰老而不是善德”,因为“您在一生中一直奉行相反的信念”。马基雅维利当然是不反对宗教的，但对于他来说，宗教具有的仅仅是工具性价值：他不关心宗教在人死后对灵魂有什么用，只关心宗教在此时此地对社会有何裨益。他在《李维史论》中赞许地指出，古罗马人曾用誓言和其他宗教的仪式来激发他们的公民完成英雄般的壮举，从而为共和国提供服务和保护。可是，他不太相信基督教有助于实现这一目标。在《李维史论》中，他控诉：在基督教的削弱下，在基督教欧洲，与他同时代的人远没有古代罗马人勇敢和凶悍。古代罗马人重视尘世的荣耀并且进行血腥的祭祀——马基雅维利认为正是这些仪式激励着战场上的古罗马人——而如今的基督教既没有血淋林的祭祀，也不看重世俗荣耀。他慨叹基督教宣扬的是谦逊和冥思的人，而不是行动的人。

这些分析轻巧地忽略了基督教孔武的一面，比如，十字军东征或者是更晚近的尤利乌斯二世的军事行动，而且后者是捧着圣体踏上征程的。不过，这确实反映了马基雅维利的失望事实：基督教影响下的欧洲并不追求古罗马的公民精神与政治水准。这也反映出世人对教会和某些宗教会社的虚伪和腐败已经有了普遍的觉悟——这种普遍的觉悟正是《曼陀罗》中辛辣讽刺的基础，也支撑起马丁·路德《九十五条论纲》对教会腐败的猛烈批判。碰巧的是，马基雅维利出使"木屐共和国"的时候，莱茵兰的沃尔姆斯城中正发生着一连串大事件，新即位的神圣罗马帝国皇帝查理五世在那里颁布了反对路德的敕令，把他的书列为禁书并宣布他为不受法律保护之人。马基雅维利和路德的哲学之间存在着天壤之别，后者极力主张为了进入天堂，必须通过谦卑的生活和内心的忏悔，而这正是马基雅维利感到厌恶的。但是，他们的观察是相似的，两个人都认为基督教已经走上了灾难性的错误道路。

* * *

从卡尔皮回来之后不久，马基雅维利发表了他急速扩展开来的著作中的另一种。这是一部题为《用兵之道》的专著，在前一年秋天完成，1521 年 8 月 16 日交付佛罗伦萨专营希腊文本出版的菲利波·迪·琼塔出版。这是他在奥里切拉里花园讨论过的另一部作品，马基雅维利把它题献给洛伦佐·斯特罗齐。39 岁的斯特罗齐是已故的贝尔纳多·鲁切拉伊的女婿，是喜剧《比萨人》和《法拉尔哥》的作者，更重要的是，就是这个人把马基雅维利引荐给了佛罗伦萨大主教。在题赠中，马基雅维利解释说，他写下了他所理解的用兵之道，因为他仍然相信“使军队回归古代模式和赋予它某种形态的往昔美德”并非不可能。

《用兵之道》采取了对话的形式，背景设置在1516年的奥里切拉里花园，并且很可能在某种程度上就是根据真实对话组织整理的。主要的对话参与者是雇佣兵法布里齐奥·科隆纳，他已于1520年3月去世，因此也已无法反驳马基雅维利借他之口说出的那些观点（例如，颇为讽刺的，有对使用雇佣军的抨击）。这部著作以法布里奇奥在佛罗伦萨逗留开始写起，当时他正在从伦巴第去往那不勒斯附近领地的途中。在鲁切拉伊宫赏玩一番之后，他和科西莫·鲁切拉伊以及其他客人在奥里切拉里花园的小树林里漫步，端详着各种奇珍异草。科西莫告诉他，无论这些植物看上去多么稀罕，实际上在古罗马人的花园里这些植物都是司空见惯的，他的祖父贝尔纳多，花园的创建人，重新找回了培育它们的古方。法布里奇奥对这种对过往的崇敬唏嘘不已，感慨道，在古罗马的所有荣耀中，现代意大利人竟然只继承了这些最无关紧要的、导致懒惰和颓废的情趣。法布里奇奥——当然也就是马基雅维利——更愿意看到古罗马人的战士精神在意大利人的胸膛中重新燃起。

随着法布里奇奥成为马基雅维利的代言人，讨论便转向了军事问题：应该如何组织军事力量以及战斗该如何进行。与他的很多作品一样，这部作品充满了对罗马共和国的武力和荣耀的缅怀之情。毫不意外，对话中再次提到了要组建国民军，即便经历过普拉托惨败，这种执迷也未曾从马基雅维利的脑海中消失。

其他的老话题也都出现了。马基雅维利是要将此书写成一本国民兵组织实用手册的，比如，法布里齐奥强调军队的营地的确切大小应为一千六百三十英尺长，其中营帐的纵深则应为三十英尺，宽度应为六十英尺。显然这种精确性来自实践，但这却无法掩盖这样一个事实，书中给出的方案在十六世纪的战争中完全是灾难性的。最严重的是，马基雅维利贬低大炮的重要性，他让法布里奇奥荒唐地宣称，重型火炮的任何优势都会被它产生的巨大烟雾所抵消。这是几年前《李维史论》里一个观点的老调重弹，马基雅维极力敦促他的意大利同胞仿效古罗马人拒绝使用火炮和骑兵，原因仅仅是古罗马人用得极少或者根本不用。他用公元前 53 年克拉苏攻打帕提亚人的战争为例证明步兵的优越性，仿佛古代战争的方法仍然适用于如今的火器时代。

这显然是一种刚愎自用导致的失察，因为新近的历史已经向马基雅维利表明了大炮和火器的可怕威力。马基雅维利如此严重地低估火炮威力实在是羞辱，而就在那时费拉拉公爵阿方索一世正在用大炮改变着战争的形态，在拉韦纳造成了极具破坏性的后果。还有更近的一次，1515 年法军在马里尼亚诺战胜了瑞士人，也展示了大炮对步兵的巨大优越性：那充满传奇色彩的瑞士长枪兵在法国大炮面前根本不堪一击。马基雅维利再怎么援引古代作家用例，也不足以推翻这个显而易见和不容争辩的事实。

马基雅维利假定古罗马的作战方法在十六世纪初仍然适用，这凸显出他思维当中一个长期存在的问题：他一直被批评为一个言必称古代的人，即他过于认同且过于广泛地运用罗马人的权威性和专长了。弗朗切斯科·圭恰迪尼曾评论说：“那些在一切方面言必称罗马的人是在极大地欺骗自己。他们错误地假设我们国家的情况与古代完全相同，并且可以用相同的模式统治。”[1]这无疑指向他的朋友。马基雅维利在《李维史论》的“前言”中说，他的同胞仿效古罗马人是可能的，因为人的天性总是保持不变。有些东西确实比其他东西更容易模仿。事实上，在上个世纪，意大利已经参照古代的范例进行了文化上的重建和更新。但是像莱昂·巴蒂斯塔·阿尔伯蒂这样的建筑师根据罗马的模型建造一座教堂或一座宫殿，或者像阿里奥斯托模仿普劳图斯或者泰伦斯写一部喜剧是一回事；让统领们完全遵照一千五百年前的古法来行事就是另外一回事了。自克拉苏以来，战争与杀戮的艺术已经大大改变了。

* * *

不管其潜在的误导性如何，马基雅维利对战争的思考应景得可怕。就在《用兵之道》付梓的两个星期内，教皇军队和神圣罗马帝国军队再次与法国军队交锋。5 月，当马基雅维利在卡尔皮之时，利奥十世与马克西米利安 21 岁的孙子查理五世缔结秘密条约，要把法国人从米兰驱逐出去。法国国王弗朗索瓦一世是在马里尼亚诺决定性一战后夺取了米兰。到了 1521 年，弗朗索瓦和查理之间的战争看来已无法避免，而利奥对于赶走“野蛮人”的兴趣已远不如在战争打响时保护好圣座和美第奇家族的财产的意愿强烈。利奥原本是打算同法国、英格兰和威尼斯缔结一个结盟，一起对抗神圣罗马帝国皇帝的。但谈判进展缓慢，

1521 年的春天，他被查理的花言巧语打动了，查理答应献上皮亚琴察、帕尔马、费拉拉，并且为佛罗伦萨提供帝国的保护。

战争在 8 月打响，利奥和查理的联军，由法布里齐奥 · 科隆纳的表弟普罗斯佩罗指挥，把法国军队从他们在意大利的部分领地上驱逐了出去。11 月时，米兰和伦巴第的大部分地区也被收复了。利奥没能活着品尝胜利的滋味，12 月 1 日他就去世了，十天以后便是他的 46 岁生日，他在位时间共九年。他应该是死于疟疾，但自然也是有谣言说他是被毒死的。

利奥之死显然会对其堂弟在佛罗伦萨的统治造成影响。相比于朱利亚诺和洛伦佐 · 迪 · 皮耶罗，这位大主教是一位更明智、更温和的领导人，但他的才能和谦逊不能掩盖这样一个事实：是美第奇宫而非市政宫控制着佛罗伦萨政府。没有了教皇的保护，他和他的家族在近十年来首次处于弱势。他的敌人们觉察到机会来了，于是在 1522 年初开始行动。这次的领导者是皮耶罗·索德里尼的弟弟、枢机主教和沃尔泰拉主教弗朗切斯科，他也是马基雅维利多年来的密友。在法国国王的资助和祝福下，枢机主教索德里尼聘请了一位名为伦佐 · 达 · 切里奥的雇佣兵队长，从锡耶纳向北开进，明确表示要罢黜大主教并重新建立一个基础更为广泛的共和国。然而，这次行动很快就被粉碎了，这要归功于一支由 29 岁的奥拉齐奥 · 巴廖尼领导的亲美第奇的军队，他是佩鲁贾的詹保罗 · 巴廖尼的私生子。

6 月初，一场刺杀大主教的阴谋在佛罗伦萨败露，这进一步打击了枢机主教索德里尼家族返回佛罗伦萨的希望。暗杀行动本打算在 6 月 19 日的基督圣体节进行，相比于索德里尼枢机主教，两名实施者扎诺比·布昂德尔蒙蒂和路易吉·阿拉曼尼与马基雅维利更为亲近，这两个人都是《卡斯特鲁乔·卡斯特拉卡尼传》的题献对象。马基雅维利在奥里切里花园的其他几位“午间朋友”也参与了这场阴谋。扎诺比和路易吉设法逃脱，他们的两个同谋被逮捕并迅速处决，而枢机主教索德里尼则被新教皇阿德里安六世下令禁锢在罗马。这场悲剧的最后一幕是流亡 10 年的皮耶罗·索德里尼于 6 月 13 日在罗马去世，围绕他有太多关于成立一个新共和政府的希望。

这个败露的阴谋及其余波对马基雅维利个人来说也是场可怕的灾难。不仅在鲁切拉伊宫花园的文学团体被解散了，他的一些最亲密的朋友也死的死，逃的逃。就像 1513 年那场针对美第奇家族的阴谋一样，这一次关于马基雅维利是否参与或者知道此次暗杀计划也产生了一系列疑问。他和扎诺比·布昂德尔蒙以及其他主谋过从甚密，再加上他和美第奇家族关系糟糕，无疑嫌疑重重。然而，他的传记作者一致认为他没有任何直接参与，1522 年的佛罗伦萨当局也是如此认为。据说，布昂德尔蒙蒂和他的同伙曾讨论过将马基雅维利纳入这场阴谋的可能性，但有人建议，他这位朋友作为美第奇家族反对者的名声可能威胁他们的计划。

即使马基雅维利没有参与这一阴谋，但仍旧存在着他是否会赞成这个阴谋的问题。若索德里尼枢机主教建立新政权，他当然会是受益者，他也会更加赞同其政制而不是大主教的统治。但是，一般而言，他对这样的阴谋会有何种想法呢？在他看来，谋杀佛罗伦萨大主教以建立一个更加大众化的政权，这是否就是合理的呢？

最优秀的马基雅维利传记作者罗伯托·里多尔菲认为，马基雅维利将政治暗杀视为“严重犯罪”。[Ⅱ] 然而，马基雅维利著作提供的却是较为含混的证据。在《李维史论》中我们可以找到很多地方涉及暗杀和阴谋，而这本著作正是题献给扎诺比·布昂德尔蒙蒂的。在这本书的第二章中马基雅维利颇为赞许地讨论过一个假设的阴谋，一位公民领袖起而推翻腐败的领导者，而后缔造了一个共和国。马基雅维利写道，实施如此阴谋的是“在慷慨、豁达、富有和高贵方面超越他人的人，他们不能忍受那个君主的不正派的生活”。他显然称许那具有高贵和伟大精神的人去推翻腐败或者残暴的领导者。

在《李维史论》“论阴谋”那一章中，马基雅维利对这一问题给出了更为详尽的解释。这一章近九千字，是到此处为止全书最长的一章——这表示，在1517年马基雅维利和他的朋友，如布昂德尔蒙蒂都在认真地讨论这个话题。这一章起到了某种阴谋者手册的作用。对于准阴谋者来说，里面充满了有益的建议。它描述了各种各样的政治阴谋，并分析它们如何以及为何失败，例如，马基雅维利明确表明，一个密谋者的计划绝不应告诉任何人，除非是在最紧迫的关头，但也只能告诉那些你可以绝对信赖的人。他还指出——或许是因为他还记得那张阿戈斯蒂诺·卡波尼不慎掉落的写有名单的纸——绝不应该把事情写下来。一个更可怕的建议是应将所有在未来有能力复仇之人统统杀光。他举杀害弗利领主吉罗拉摩·里亚里奥伯爵的凶手们为反面教材，他们愚蠢地为卡泰丽娜·斯福尔扎伯爵夫人留了一条生路，使她得以血腥地报复。他还讨论了刀剑相对于毒药的优点（他认为后者不可靠）。

他的《佛罗伦萨史》中同样阐发了他对政治暗杀的意见。1522年阴谋进行的那段时间，此书正在创作之中。这本书中有对谋杀泰丽娜·斯福尔扎伯爵夫人的父亲卡莱亚·马里亚的描写，马里亚于1476年在米兰被人用刀刺死。他详述了年轻的密谋者如何希望把残酷荒淫的公爵逐出米兰，并建立一个大众政府。在马基雅维利的眼里，主谋科拉·蒙塔诺所具有的炽热的共和主义精神是非常高尚和可敬的。这就足以证明诛杀像加莱亚佐·马里亚·斯福尔扎这样的暴君的合理性。马基雅维利为这些刺客的死感到惋惜，他借23岁的因参与密谋而被处死的吉罗拉摩·奥尔贾之口说出了英勇的遗言："死诚惨痛，名垂千古，斯等壮举，青史永存。"

写下这些话没过多久，刺杀大主教的阴谋便败露了。从马基雅维利对"这些不幸的年轻人"的沉痛悼念中，我们不难读出他为奥里切拉里花园的朋友们感到难过。马基雅维利当然会怀念牺牲了的朋友们和逃走的布昂德尔蒙蒂以及阿拉曼尼，但他未必会反对他们的阴谋或者谴责他们的罪行。

第十九章

奥里切拉里花园的文学团体解散了，对于马基雅维利来说，佛罗伦萨便没有多少魅力了。接下来两年，他大多都是在佩尔库西纳的圣安德里亚乡下度过的，撰写他的《佛罗伦萨史》，照料他的庄园事务。他仍然在捕捉画眉鸟（1522年底，他的姐夫收到了三十只画眉鸟作为礼物），并且监督农作物的收获和销售工作。他还要料理弟弟托托的后事，托托在1522年6月去世，这又给孤独的日子增添了伤痛和失落。

还有一件让马基雅维利操心的事情，那就是他二儿子洛多维科的行为，这是一个任性而不易相处的年轻人。1523年初，马基雅维利给他的老朋友弗朗切斯科·韦托里写信，哀叹父亲的命运被儿子们诅咒。在所有事当中，他担心19岁的洛多维科和另一位年轻人的关系："他跟他玩耍、运动、散步，在他耳边说悄悄话，他们在一张床上睡觉。"马基雅维利从一个毫无正经的酒色之徒变成一个循规蹈矩、愤世嫉俗的卫道士，这一定使韦托里感到惊讶。自己也曾年少轻狂的韦托里对洛多维科的行为持更加宽容的观点，他提醒马基雅维利："随着我们逐渐变老，我们开始变得难以相处，也就是说变得吹毛求疵，我们不记得我们年轻时所干的事。"

这真是绝佳的讽刺，《曼陀罗》的作者竟然会突然以一个执拗的老家长面目出现，与他青春期的儿子争吵不休。同样，鉴于自己就那么放荡不羁，马基雅维利对洛多维科性行为的焦虑很是令人惊讶。他似乎对全欧闻名的“佛罗伦萨式邪恶”采取宽容的态度，至少在洛多维科还没牵涉其中的时候是这样。马基雅维利在佛罗伦萨最亲密的朋友之一，一个名叫多纳托·德尔·科尔诺的店主就是个同性恋。马基雅维利经常光顾多纳托的店，多纳托称他为“店里的害虫”，而这家店似乎就像个同性恋的集聚场所。虽然我们不能确定马基雅维利自己是否有过男性情人，但在他职业生涯的某一时刻，他曾身陷离奇的流言蜚语之中。1500 年的一天，“自由与和平十人委员会”之一的奥塔维亚诺·里帕路过秘书厅，便与阿戈斯蒂诺·韦斯普奇和其他几个秘书攀谈起来，他怀疑马基雅维利在法国逗留期间可能遭遇了“严重危险”，“因为鸡奸者和同性恋在那里受到严厉的检举”。当韦斯普奇对此持有异议，表示马基雅维利品质可谓“优异和白璧无瑕”时，里帕爆出一个荒诞的故事：马基雅维利被一匹马鸡奸。这个传闻无疑更多地说明里帕的无所事事和轻信（或者心存敌意）的性格，而不是马基雅维利真的有了什么离奇艳遇。

马基雅维利从来不是乖僻挑剔之人，他时常会深陷到维纳斯的“金网”无法自拔。尼可罗·塔法尼被遗弃的妻子[①] 与他之间的那场风花雪月——倘若真的曾经如此美好的话——似乎已经过去了。但在 1524 年初，他又开始了另一段恋情，这一次是和一位名叫芭芭拉 拉法卡尼的歌手。马基雅维利是在亚科波·法尔科内蒂的宅邸遇见她的。法尔科内蒂是一位制砖商和煅烧石

① 此处原文有误，应为“妹妹”。

灰商，人称“窑老板”。煅烧石灰的过程有毒，会损伤居住在下风向人的健康。法尔科内蒂为建筑业提供石灰砂浆的原料，依靠他的生意获得了巨大的利润，在距离佛罗伦萨西南不远处的韦尔扎亚圣母教堂附近为自己购置了舒适的豪宅和花园。某段时间，法尔科内蒂在执政团里任职，后因一些不为人知的违法之事被革职，并被勒令五年内不得进入佛罗伦萨。于是，他在圣弗莱蒂亚诺门附近安顿下来，大部分的放逐时间都用来奢侈地款待他的朋友们了。

马基雅维利于1524年被邀请参加这些聚会。他在此有一席之地乃是因为《曼陀罗》，而不是《君主论》或《李维史论》。法尔科内蒂的宴会完全没有奥里切拉里花园里那种文人雅士的政治讨论；但马基雅维利作为饭量堪比“六条狗和三头狼”的享乐主义者，畅享美食的兴致丝毫不亚于讨论政治。事实上，最先把马基雅维利和法尔科内蒂联系起来的东西可能就是美食了。他们或许已经在佛罗伦萨一个名叫“泥刀会社”[①]的古怪老饕俱乐部里打过照面。大约从1512年开始，这群享乐者每逢盛大的节日便聚到一起，争相烹制最具创意的精美食物。画家安德烈亚·德尔·萨尔托便是其中一员，有一次他奉上了一道真正令人难忘的菜品。他为宾客准备了一个用杏仁糖做成的八个面的圣堂，香肠为柱、糕点成檐，还用果冻砌成缤纷多彩的镶嵌画；里面是一个冻牛肉雕刻的讲坛、一本意大利面制成的圣经，上

① 这个会社的名字源于一个滑稽事件。有一次外号费奥·德安杰洛的驼背音乐家在自家花园摆了一桌晚宴，其中一位客人发现了一把工匠落下的泥刀，便用它盛起砂浆，并趁费奥正要张嘴吃一些乳清干酪的时候，突然把刀伸到费奥的嘴里面。从此以后，泥刀就成了他们的标志。原文注。

有胡椒子摆成的字，还有一个由身穿白衣的画眉组成的唱诗班，它们的喙都张开着，仿佛在歌唱；两只丰满的鸽子担任低声部，而六只百灵鸟组成女高音声部。[1] 有可能就是马基雅维利为这支可食用的唱诗班提供了画眉鸟，因为 1523 年安德里亚为某次《曼陀罗》在“泥刀会社”的演出绘制了幕布。法尔科内蒂要么是出席了这次演出——这次演出地点是在佛罗伦萨十英里外的蒙泰洛罗——要么是在不久后便获知这一消息。1524 年初，他筹划在自己家里演上一部，以庆祝他的禁令期满。马基雅维利答应为他另创作一部新戏剧，其中他给芭芭拉 · 拉法卡尼安排了一个角色。

芭芭拉无疑是个妓女，她使用“芭芭拉 · 菲奥伦蒂娜”的化名。马基雅维利的朋友弗朗切斯科 · 圭恰迪尼在一封玩笑连篇的信中调侃她是个十足的“庸脂俗粉”，并说“像她那种人总是挖空心思地去讨每个人的欢心”。她比马基雅维利年轻许多，马基雅维利那部为法尔科内蒂创作的戏剧，在情节方面一定程度上受到了这种年龄差的启发。这部戏剧名叫《克莉齐娅》，里面有个名叫尼科马科的老人——显然这是马基雅维化用了自己的名字——与他的儿子克莱安德罗争夺一个名叫克莉齐娅的年轻女子的芳心。该剧刻画了一个吃嫩草的老头所表现出的种种蠢行，这表明马基雅维利还是极有幽默感的，父子争吵的场面可能是马基雅维利和他的儿子洛多维科的紧张关系的缩影。

根据最后的成稿看，这部五幕剧写得多少有些匆忙。1524 年下半年，马基雅维利一直在写这部戏，要赶在 1525 年初的演出前写完。实际上，这部戏一半是改编和翻译，一半是原创，因为大部分情节来自一部首演于公元前 185 年的普劳图斯的喜剧《卡西娜》。马基雅维利把这部戏的情节移植到 1506 年狂欢节期间的佛罗伦萨。故事的开始，尼科马科要为养女举办婚礼，他被描写得很不堪，是个“流着口水、满是眼屎、牙都没有了的疯老头子”。养女名叫克莉齐娅，是个孤儿，在尼科马科家里住了十几年。尼科马科不许痴情的儿子克莱安德罗和克莉齐娅结婚，而是要把克莉齐娅嫁给皮罗，皮罗允许尼科马科随时可以和克莉齐娅同床。尼科马科的妻子索弗罗尼娅自然是有意见的。为了不让尼科马科得逞，她让一个男仆穿着克莉齐娅的衣服，偷偷地把克莉齐娅从婚床上换下来。在吃下一味能让“九十老汉重展雄风”的壮阳药“要得灵”之后，尼科马科蹑手蹑脚地溜进卧室。在被褥里好一通折腾过后，他惊觉床上有根“又硬又尖的东西”。随后那个仆人脱下伪装，对惊呆了的尼科马科打了个猥琐的手势。“这真是奇耻大辱”，这个老人在哀叹，而其余演员则为他的愚蠢和不幸捧腹大笑。

这出戏和《曼陀罗》有许多共同的元素，包括机智的双关语、征引时兴的话题、一个愚蠢又可笑的老头被巧妙地要弄的情节，以及某些会被现代审查制度称为色情的内容。但是从总体上看，它并不像《曼陀罗》那样成功，主要是因为马基雅维利选择由演员叙述情节——例如尼科马科和仆人在卧室相遇那一场——而不是在舞台上直接表演。结果是一连串滔滔不绝的长篇大论取代了先前剧作中节奏明快的插科打诨。比如，在《曼陀罗》中，我们可以在台上看到演员径直展示尿样，然而在《克莉齐娅》中，我们只能耳闻却绝不能亲见那号称足能“唤醒一个军团”

的壮阳神药。就戏剧的目的而言，这种差距是巨大的。

虽然如此，1525 年 1 月 13 日这部戏在法尔科内蒂家中上演时，还是取得了巨大成功。马基雅维利剧作家的名声“引起了每个人观看这出戏的欲望”。法尔科内蒂不仅给佛罗伦萨的名门望族发出邀请，而且给中产阶级的商人们，甚至（相当罕见地）给比较穷的人也发出邀请。一大群人——其中一些还喧哗不止——穿过圣弗莱蒂亚诺门，涌向韦尔扎亚圣母教堂。为使当晚演出成功，法尔科内蒂可谓不惜血本。他把部分花园夷为平地，搭建起一个舞台，布景是由画家巴斯蒂亚诺·达·桑加洛设计的，这是马基雅维利的朋友朱利亚诺·达·桑加洛的侄子，也是米开朗基罗在西斯廷教堂的助手之一。仙女和牧羊人伴着开场歌“幸福美好的一天”在舞台上嬉戏，这首歌由马基雅维利创作、芭芭拉演唱（每一幕之间的歌也都是她唱的）。该剧的成功为马基雅维利赢得了巨大声誉。“您喜剧的盛名已满世界飞扬”，稍后，一位朋友从摩德纳给他写了一封简短的信，“您和‘窑老板’真是煞费心机，那场狂欢的盛名已经在全托斯卡纳地区乃至全伦巴第地区流传，而且将继续流传”。命运女神的轮子正绕着一个奇异的轴旋转：1509 年，这个男人由于他的国民军赢得名望，却又在 1512 年蒙羞，而如今他又是一个名满天下的通俗喜剧作家。

马基雅维利仍旧渴望另一种荣耀。在《克莉齐娅》大获成功的几个星期内，他完成了《佛罗伦萨史》。经过四年的笔耕不辍，他完成了这部多达十七万字的鸿篇巨制，内容涵盖了佛罗伦萨上千年的历史，从蛮族入侵到“豪华者”洛伦佐逝世。现在，他已经准备好将这份手稿呈献给委托人了。因此，马基雅维利需要前往罗马。

* * *

教皇阿德里安六世是荷兰人，死于1523年9月，在位仅二十个月。在随后的教皇选举秘密会议上，佛罗伦萨的大主教朱里奥·德·美第奇当选教皇，史称克莱门特七世。一个美第奇家族的成员再次戴上三重冠，这也再一次表明佛罗伦萨将在与教廷的结盟中受益。

克莱门特七世的即位对佛罗伦萨政局的影响是显著的。他的当选在某种程度上要归功于神圣罗马帝国皇帝查理五世的支持，在利奥十世掌控着教廷政策时，克莱门特也支持过查理五世。他当选的时候正值两万七千名法国精锐入侵伦巴第，弗朗索瓦一世希望能够从普罗斯佩罗·科隆纳和帝国军队手中重夺米兰。由于犹豫不决和模棱两可的天性，克莱门特开始追求一种随风倒的政治路线，在“中间道路”上摇摆不定——当年佛罗伦萨执政团便是如此行事，让马基雅维利大为光火。教皇紧张地掂量过法王和帝国皇帝孰强孰弱，他决定脱离前盟友帝国皇帝，转而跟法国国王秘密结约。1524年11月，法国重夺米兰，促使教皇做出承诺，一个月以后，他和弗朗索瓦秘密签署条约对抗帝国皇帝。

这个联盟从一开始就是一场可怕的灾难。仅在两个月内，1525年2月23日，法国军队在帕维亚的战场上就被帝国军队打败。一万两千名法国士兵死伤，伟大的法国指挥官路易·德·拉·特雷莫伊莱战死。弗朗索瓦自己也被俘，自从 1356 年法国国王约翰二世在普瓦捷被英国人俘获以来，他是第一个在战争中被俘的在位君主。帝国军队迅速重夺米兰，这下克莱门特只能任由皇帝摆布了。

马基雅维利在这个节骨眼儿上去罗马向教皇呈献他的《佛罗伦萨史》实在太不是时候了。还好有朋友警告他："时机不适于阅读和赏赐"，所以最终直到 5 月他才南下，那时查理五世和教会已经签署了条约。克莱门特说他相信这部著作会"令人愉快"，按约定接受了《佛罗伦萨史》，并自掏腰包支付马基雅维利一百二十个弗罗林——超出约定金额二十个弗罗林。

要是教皇真的先读过此书，他就不会这么慷慨地掏钱了。以往大部分关于佛罗伦萨的历史著作都对这个城市大加赞美；他们的基调通常是像莱昂纳多 · 布鲁尼所采取的爱国主义，布鲁尼的《佛罗伦萨城颂》写于 1403 年，滔滔不绝地念叨着"佛罗伦萨天性即是如此，在此星球上再也找不出比她更卓越、更辉煌的城邦了"。而马基雅维利的书却是另外一番景象，讲的满是冷酷无情的党争故事、暴力、腐败的猖獗、政治无能、被腐蚀的自由，以及由寡廉鲜耻的雇佣军一手导演的、愚笨到滑稽的军事行动。马基雅维利甚至还记载了一段 1343 年发生在佛罗伦萨的恐怖食人事件，对 1478 年可怕的"帕齐阴谋"同样描写得绘声绘色——在这场政治暗杀中，克莱门特七世的父亲朱利亚诺 · 德 · 美第奇，也是"豪华者"洛伦佐的弟弟，丢了性命。

在写这部著作的时候，如何描述美第奇家族让马基雅维利深感忧虑。他应该如何诉说这个家族的历史呢？在他看来，正是这个家族的成员推翻了佛罗伦萨的共和政体，践踏了城邦的自由。在本书开篇给克莱门特七世的献词中，他便提醒说，自己将力戒对美第奇家族的阿谀奉承，并声称此乃教皇陛下之圣谕，命他秉笔直书其家族之史实事迹。我们必须说，他完全没有吝啬他的赞美。当他描述科西莫是何等审慎和富有，及其“生活方式”又是如何让他备受佛罗伦萨人民“敬畏与爱戴”时，科西莫·德·美第奇俨然就像是一位来自《君主论》的英雄。但他对美第奇家族也提出了诸多批评，在讲述帕齐阴谋时他特别指出了这一点。他的说辞多少有点儿为刺客辩解的意味，他宣称之所以有人想杀掉洛伦佐，是因为美第奇家族正试图在佛罗伦萨取得绝对的统治。他对其赞助人的父亲死于这场袭击的事实并不在意,而是详述了“政府是如何完全地掌握在美第奇家族手中。他们获得的权势如此之大，以致那些心怀不满的人要么忍气吞声、逆来顺受，要么即使想推翻那个家族，也只能秘而不露地筹划，小心谨慎地尝试”。在马基雅维利看来，这帮密谋者与几年前斩杀加莱亚佐·马里亚·斯福尔扎的那些人没有什么不同。

不过，在这次对佛罗伦萨历史的探究中也并非一切都是暗淡阴沉的。这本书提出一个司空见惯的见解，即马基雅维利在“序言”中评论的，一旦城邦成功地实现了团结，其人民将会如何超越古往今来的一切共和国。他如此乐观是因为城市拥有军事和产业实力，特别是过去的共和国能够从它的公民中召集起一支国民军，包括一千两百名骑兵和一万两千名步兵。

当然，对于马基雅维利来说，国民军绝不仅仅是一个怀旧的问题。他是想利用呈递书稿的机会，向教皇建议在教皇国境内组建国民军以保卫罗马教廷的利益。由于害怕自己受到皇帝的控制和伤害，克莱门特密切关注此事，并随后派马基雅维利前往罗马涅地区的法恩扎，调研国民军计划的可行性。马基雅维利带着教皇的敕令离开罗马，称他正投身于“干系重大之事”，“教皇领地、整个意大利乃至差不多整个基督教世界的安危”均系于此。这毫无疑问是夸张的说法。这份敕令更多地表明马基雅维利很有说服力，而无关任何国民军项目的必要性和有效性。但是，这份敕令有一点说对了：意大利和整个基督教世界确实陷入最严重的危险。

*　　*　　*

在寒风瑟瑟中集合列队，敲起战鼓，踏着整齐步伐，长矛兵在广场上规整自己的队伍，旗帜飘动，钟声阵阵。6月，当马基雅维利骑马返回北方时，他一定梦见自己重新回到了十几年前在卡森蒂诺崎岖多岩的村庄里的工作岗位。在前往罗马的几个星期前，他刚刚度过自己的56岁生日，但这丝毫没有减弱他的精力和渴望，他几乎是立刻骑马前往法恩扎。在那里，他与弗朗切斯科 · 圭恰迪尼会合，圭恰迪尼最近被任命为罗马涅的总督。可惜的是，圭恰迪尼很快就给国民军计划泼了冷水。他指出，对教廷的爱是教皇国国民军建立的最紧要基础，但罗马涅的苦难农民身上最缺乏的就是这个了。该计划最终被教皇否决，马基雅维利在7月底返回佛罗伦萨。

法恩扎之行也不是一无所获，马基雅维利在那里结识了一名叫玛丽斯科塔的妓女，据说她已经被他的“举止和谈吐”迷住了。此外，他和圭恰迪尼计划在法恩扎上演《曼陀罗》。一回到佛罗伦萨，他就以这个计划为借口，继续与芭芭拉·菲奥伦蒂娜保持联系。他在9月底写道：“我最近总是与芭芭拉一起吃晚饭，讨论那部戏。”他为她写了一组幕间歌曲，包括一首题为“多么温柔的欺骗”的歌，这是一首欢快地颂扬某种欺骗行径的歌，12年前他曾在《君主论》中称赞这种欺骗。

这出戏原定于1526年初上演，但在最后一刻被取消了。圭恰迪尼接到教皇的紧急召见，前往罗马讨论重大政治事态的发展情况。紧接着，1526年3月，马基雅维利也被召到罗马。佛罗伦萨面临侵略威胁——像往日一样——寻求着马基雅维利的拯救。

第二十章

战争似乎再次不可避免。像其他很多次战争一样，它也起于一个和平条约。1526 年 1 月 14 日，法国国王弗朗索瓦一世和神圣罗马帝国皇帝查理五世签署了《马德里条约》，其中规定弗朗索瓦同意放弃他在意大利的一切权益，包括米兰、那不勒斯和热那亚。弗朗索瓦一世随后被释放——自帕维亚战役之后他一直被囚禁——但他的两个儿子成为人质，以确保其遵守该条约的条款。但不久，弗朗索瓦不打算遵守任何条约的意图便非常明显了。

皇帝在意大利一手遮天和法国势力被彻底摧毁，这都是教皇最关心的问题。如果说尤利乌斯二世在 1511 年结成神圣同盟的目的是把法国人逐出意大利，那么如今帝国的控制便使得克莱门特七世要缔造一个新神圣同盟。1526 年法国、教廷、佛罗伦萨和威尼斯在法国干邑签署条约，建立一个强大的联盟以反对皇帝。弗朗索瓦的参与违背了他在《马德里条约》中承诺的条款，但是克莱门特欣然宽恕了他的罪行。

形势的紧迫及其对佛罗伦萨的影响使马基雅维利的政治命运迅速扭转。《用兵之道》已经为他赢得了军事工程家的声誉（该书的最后一节包含了对防御工事的长篇论述），于是在春天，他被克莱门特邀请到罗马，以便讨论佛罗伦萨的防御情况。他撰写了一个报告并迅速被擢升为新成立的“城防督察处”的秘书和军需官。他22岁的长子贝尔纳多担任他的助手。父子俩干劲十足地承担了检查佛罗伦萨各种防御工事的任务。马基雅维利在5月写信给圭恰迪尼时说道：“我满脑子都是城墙，其他什么也装不进去。”不过一个月后，他便有其他事情要考虑了，他接到命令离开城墙前往北部的伦巴第，那里的战斗已经打响，他要组织一支军队对抗敌人。讽刺的是，这支队伍将由雇佣兵队长维泰洛·维泰利指挥，他是保罗·维泰利和维泰洛佐·维泰利的侄子。马基雅维利发现这个男人处于一个“极为不好的状态”，他甚至怀疑此人能否靠得住。

在抵达伦巴第的马里尼亚诺（米兰东南部十英里外）后，马基雅维利会见了神圣同盟的军事指挥官，此刻他一定觉得自己的职业生涯绕了一圈又回到了开头。乔瓦尼·德·美第奇，更为人所知的名字是“黑条”乔瓦尼，他是卡泰丽娜·斯福尔扎28岁的儿子，而当年马基雅维利的政治生涯正是从这个女人开始的。乔瓦尼是科西莫·德·美第奇的弟弟洛伦佐的曾孙，因而他也是教皇的一个远房亲戚；但在精神气质上，他是一个十足的斯福尔扎式勇敢凶猛的战士。作为当时欧洲最令人敬畏的武士，在过去的十年中，他一直领导着一支精锐的雇佣兵军团“黑条”。如此命名是因为他们穿着黑色的铠甲，自利奥十世去世后便在白色军旗上涂以黑色条纹。乔瓦尼的军事才能和大胆一直是一个传奇，黑条军团的职业水准及其对领导者的忠诚亦是如此。一向以毒舌闻名的作家彼得罗·阿雷蒂诺也大赞乔瓦尼：“他天生就是一个领袖，深谙使手下人爱戴和敬畏的艺术……或许很多人会嫉妒他，但没有人能赶上他。”

一个真正令马基雅维利钦佩的人就在眼前——一个几乎是从《君主论》中走出来的领袖，甚至有人已经开始尊崇他为“意大利的乔瓦尼”。马基雅维利也的确端坐起来关注这位强悍的军人，他的个人徽章是一道闪电，真是恰如其分。马基雅维利在写给圭恰迪尼的信中称,人人都会同意“黑条”乔瓦尼“勇敢果决、胸有成竹，有能力作出富有想象力的决策”。乔瓦尼则对马基雅维利没有太深的印象。他似乎读过《用兵之道》，但怀疑书中各种结论的正确性，于是向马基雅维利挑战：给他三千名黑条军将士，让他按照书里的方法训练。马基雅维利不明智地接受了这个挑战。马里尼亚诺的练兵场上便上演了两个小时的混乱。最终，乔瓦尼给马基雅维利解围，走上前去毫不费力地迅速把他的军队重新排列妥当。随后，乔瓦尼宣称：“我和尼可罗·马基雅维利之间的差异是：尼可罗知道如何写得漂亮，而我知道如何干得漂亮。”如果面对全欧最训练有素和最有纪律的部队，马基雅维利都无法令其发挥战斗力，那么，人们就可以理解为什么来自卡森蒂诺的农民会在普拉托那样惨败。

在接下来的几个星期里，通过安排克雷莫纳向神圣同盟军队投降，马基雅维利多少挽回了一点面子。之后在11月初，他返回佛罗伦萨，在途中他曾在摩德纳停下来向一个算命先生讨教。这位算命先生预见到教皇与神圣同盟将遭遇灾祸，马基雅维利将他的话报告给圭恰迪尼：“倒霉的日子远远没完——我们和教皇都会大受其苦。”

用不着什么先知就能看到大难就要临头了。帝国军队从德意志招募来大量士兵，队伍极其壮大，其中很多是路德派教徒。11月，帝国军队开始了对意大利的全面入侵。军队由经验丰富的指挥官、明德尔海姆的君主乔治·冯·弗伦茨贝格带领，此人在脖子系上一条丝绳，誓言要绞死教皇。弗伦茨贝格的士兵自称“国土佣仆”①。这些长矛兵完全按照瑞士步兵的方式训练，他们穿的华丽服饰——饰以羽毛的帽子、色彩斑斓的战马、配以带斜纹和宽松袖子的明亮紧身衣——制约了他们可怕的作战效率。

“国土佣仆”在战斗一开始就遭遇致命一击。11月25日，他们在曼图瓦附近的博尔戈福尔泰与黑条军团交手。他们几乎没有火炮，只有阿方索一世提供的4架旧式小炮——一种小型的旋转型火炮，只能发射一磅重的炮弹。在一场小规模战斗中，他们被行动迅速、衣着轻便的黑条军团击败，但他们的一架小炮击中了乔瓦尼的腿。他的腿被截肢，但这位伟大的美第奇战士还是在五天后去世了。他的死是神圣同盟一个不可估量的损失。

帝国士兵也许是凶残的战术高手，但当数以千计的帝国士兵在11月下旬穿越波河，他们也和1512年威胁佛罗伦萨、攻陷普拉托的雷蒙·德·卡尔多纳的军队一样，陷入麻烦之中。他们缺少供给、装备残破，并且很多人已经数月没有得到军饷。他们穿过加尔达湖上艰难而又危险的通道翻越阿尔卑斯山，忍受着（正如弗伦茨贝格所说的）“贫困、饥饿和霜冻”。因此，他们纪律涣散而且危险，一意要掠夺意大利的城市——对其中的路德派教徒来说——还要严惩腐败的罗马教廷。教皇推测，这样一支军队应该更容易被金子而不是钢铁打败。1527年1月底，他

① Landsknecht，通常译作“德意志雇佣兵”。

和皇帝签署一项条约，许诺付给这些挨饿的士兵二十万杜卡特，只要他们能从阿尔卑斯山折返。局面本来已经得以维持，结果同一天联盟军取得了一项微不足道的小小胜利，让克莱门特立刻撕毁条约宣布反对查理。在短短的一年多一点的时间里，他第二次对皇帝违约。几天后，波旁公爵指挥下的西班牙步兵加入帝国军队，帝国现在有两万两千名精兵，开始向南方的博洛尼亚挺进。除头领战死，黑条军团几乎毫发无伤，他们被命令南下保卫罗马。

佛罗伦萨的敌人自信满满，而盟友们却张皇失措，共和国面临着十五年来最为危险的时刻。2 月的第一个星期，马基雅维利被派往帕尔马，向弗朗切斯科 · 圭恰迪尼通报佛罗伦萨非常危急的情况。因为缺钱少兵，佛罗伦萨极为虚弱。他要从圭恰迪尼那里了解一下，教皇和其他盟友，比如威尼斯，能够给佛罗伦萨什么样的军事援助。不过，对马基雅维利来说，事态也不是彻底无望。2 月 7 日抵达帕尔马后，他就开始给佛罗伦萨写报告，坚持认为弗伦茨贝格的供应紧缺对神圣同盟来说是件好事。“人们相信只要我们自己不陷入混乱，那么他们也并不可怕。”他提到帝国军队，“任何有过实战经验的人都断定，我们应该会取得胜利，除非糟糕的建议或缺饷导致我们战败”。非常明显，他根本没有吸取 1512 年的教训。

马基雅维利又从帕尔马冒雪来到了博洛尼亚，在那里他密切关注着就在不远处安营扎寨的帝国军队的活动。他依旧乐观地认为，佛罗伦萨有机会逃过一劫或者挡开径直而来的打击。3 月初，他告诉执政团，由于道路艰险和供应不足，“任何有理智的人”都不可能认为敌军会进入托斯卡纳。他自信地预言道：“他们两天内就会饿死在那里。”可怕的暴雨和暴风雪阻挡了帝国军队的去路——马基雅维利称这些障碍“是由全能的主送来的”。

然而，上帝的努力很快就被其尘世的代表毁于一旦。诗人弗朗切斯科·贝尔尼早在两年前就讽刺过克莱门特臭名昭著的犹豫不决和口是心非，称他“满嘴都是然而、那么、但是、如果、也许、如此这般终成无”。和往常一样，克莱门特再次变卦。3 月中旬，当敌军被暴风雪滞留在博洛尼亚十英里外的沼泽地里，他又一次提出休战。这一次，他吝啬地打算支付六万杜卡特。这在帝国军营里引发了暴怒和哗变。当弗伦茨贝格徒劳地想控制住自己不守规矩的士兵时，他不幸中风，想要如此廉价地喂饱他们或者化解他们对教皇强烈的仇恨实在是希望渺茫。马基雅维利请求执政团立即付钱，以避免“当前的危险和灾难”，但没过几天所有人都很清楚，休战已不可能了，只有教皇傻乎乎地在罗马解散了黑条军。弗伦茨贝格已生活不能自理，他被抬了回去，死在德意志的家中；而此时那些衣衫褴褛、饿个半死的士兵由波旁公爵统率，叫嚷着要向前开进。他们基本上已无法控制了。3 月 31 日他们拔营起寨，开始朝佛罗伦萨行进。马基雅维利惊恐地向执政团报告：“他们要将佛罗伦萨生吞活剥。”

* * *

去年夏天在伦巴第时，马基雅维利总是挂念着芭芭拉·菲奥伦蒂娜。他写信给亚科波·法尔科内蒂询问她的近况，甚至敦促他有权势的朋友们——比如弗朗切斯科·圭恰迪尼——照顾好她，因为“她待我简直像伺候皇帝一样”。不过，到了 1527 年春，也许是感到末日将至，马基雅维利的心思转向了家庭——他的妻子、两个女儿和五个儿子，其中最小的托托还是个奶妈怀抱中的婴儿。

一旦帝国的士兵入侵托斯卡纳，马基雅维利自然要担心将有什么灾祸降临到他的家人头上。佩尔库西纳的圣安德里亚的庄园，正位于佛罗伦萨和罗马之间的主要道路上，极容易受到打击。因此，他们一家搬到了佛罗伦萨，并且开始将包括二十三桶葡萄酒和橄榄油在内的财产转移到筑防的圣卡夏诺小镇中一个更安全的地方。他们甚至将床也从庄园中搬走，绝不给侵略者在晚上安享舒适睡眠的机会。马基雅维利向玛丽埃塔保证，一旦帝国士兵袭击佛罗伦萨，他会立即返回与家人待在一起。“愿基督照看你们。”他写道。

在所有的孩子中，和马基雅维利最亲的应该是处于青春期的儿子圭多。4 月 2 日，马基雅维利给这个男孩写了一封长信，敦促他好好学习（“你就要下苦功学习文学和音乐”），并且向他保证“你若成全自己，每个人就会成全你”。他还写了一条令人感动的关于对待牲畜的建议。马基雅维利在佩尔库西纳的圣安德里亚有许多牲畜，其中一头小骡子疯掉了。马基雅维利建议圭多，把它带到郊外，解开笼头和缰绳，以便这个可怜的家伙可以“重新恢复自己的生活方式，发泄自己的疯狂。村庄很大，那畜生很小”。圭多很快就回复说，等到牧场的草长起来，就把小骡子带过去。他还自豪地详细讲述了他是如何学习拉丁语分词，并且正在背诵奥维德《变形记》的第一卷，他打算等父亲回来的时候背给他听。作为一个时常缺席的丈夫和父亲，马基雅维利突然很渴望能再次见到他的家人。在一封发自伊莫拉的信里他告诉圭多："我从来没有像今天这样渴望回到佛罗伦萨。"没过多久，在离家两个多月后，他终于在 4 月 22 日回家了。

就在马基雅维利回来的这几天，波旁军队的威胁消失了。考虑到没有大炮很难攻破佛罗伦萨坚固的防御工事，帝国军队绕道而行，佛罗伦萨奇迹般地得以幸免于难。一个更大、更容易获得的战利品在等待着波旁和两万两千名贪婪的士兵。他们开始快速向南部挺进，日行二十英里，并于 5 月 4 日抵达罗马城外。波旁向教皇索要三十万杜卡特作为撤兵条件，要求被拒绝，于是在 5 月 6 日星期一黎明时分，对罗马的进攻打响了。波旁在城墙外被一颗子弹（相传是金匠本韦努托·切利尼开的枪）射杀[①]，但他的军队却畅通无阻地涌入城市。教皇和其他数千罗马人躲进了圣安杰洛城堡；那些留在外面的人则被抢劫、绑架或者强奸，侵略者冲进宫殿和修道院搜刮战利品和女人。"国土佣仆"耳边始终回荡着路德的话，他曾公开谴责他所谓的"罗马罪城里的那群人"，并敦促其追随者"用尽一切武器打击他们，用他们的血清洗我们的双手"。[1] 即便如此，在侵略者中，天主教军队的行径至少和德意志人一样恶劣。西班牙军队打开了尤利乌斯二世的陵墓并将其洗劫一空，而意大利军队——他们受雇于教皇的敌人之一蓬佩奥·科隆纳——则随意进行洗劫和杀戮。在接下来的几天里，多达一万人死亡，无数珍宝，无论是宗教的还是世俗的都永远地丢失了，包括君士坦丁的金十字架和尼古拉

① 参见《切利尼自传》1.34，王宪生译，北京时代华文书局，2014 年版。

斯五世那镶满宝石的三重冠。

5月11日，当罗马沦陷的可怕消息传到佛罗伦萨时，马基雅维利一定会对这种颓败深感震惊。他在《君主论》中对意大利悲惨状态的描写——“既没有首领，也没有秩序，受到打击，遭到劫掠，被分裂，被蹂躏”——从没这么贴切过。现在，作为美第奇家族的忠实仆人，他被立即派往罗马西北三十五英里处的奇维塔韦基亚港，去协助教廷舰队司令安德里亚·多里亚安排教皇的撤离。克莱门特或许有救,但他在佛罗伦萨的统治到头了。罗马沦陷一周之内，5月16日美第奇政府垮台，自从克莱门特当选，科尔托纳的枢机主教西尔维奥·帕塞里尼便一直在此辅佐美第奇政府。一个具有更广泛基础的共和国很快成立，“大议会”和“自由与和平十人委员会”也同时恢复。几天后，马基雅维利回到佛罗伦萨，据说当他得知这座城市是如此自由，遗憾地叹息了“很多次”。他倒不是遗憾于城市恢复了自由，这种大众政府的回归正是他的作品《李维史论》支持的；他只是为自己在新政权下的黯淡前途感到绝望。这么多年来他都在为美第奇家族那五斗米殚精竭虑，而一夜之间他又该哀悼这份与美第奇家族来之不易的关系了。命运女神又为他送来残酷的一击。

马基雅维利为自己的前途感到担忧是有根据的。他渴望回到秘书厅的岗位上，但是尽管有流亡回来的老朋友扎诺比·布昂德尔蒙蒂和路易吉·阿拉曼尼的努力，秘书厅第二秘书长的位子仍旧给了别人。和1512年一样，在权力的厅堂里不会有马基雅维利的位置了。先是震惊于罗马被疯狂攻击,接着又是近来的失落，这些都伤害了他原先强健的体魄。6月中旬，他因为胃部不适和头痛病倒了。他服用的药丸——由芦荟汁液、藏红花粉和没药树的树胶脂混合而成——在他先前身体不好时曾帮他渡过难关，但这种药带来的伤害可能更大，因为他的病情迅速恶化。扎诺比和路易吉以及菲利波 · 斯特罗齐等朋友都赶到他的床边。

虽然病重，但“马讥雅”还是在某个时候设法讲出了最后一个故事博朋友们一笑。他告诉他们，他做了一个梦。梦里，他看见一伙衣着破烂，形容邋遢、凄惨的人。当他问他们是什么人时，他们称自己是前往天堂的圣徒。紧接着来的是一伙外貌全然不同的人，好像穿着朝服，正在谈论着国家大事。其中，他看到了古代的哲人和史家，如柏拉图、普鲁塔克和塔西陀。他问他们要去哪里，他们说要下地狱。马基雅维利向朋友们打趣说，他当然愿意跟着他们一起下地狱。正如卡利马科曾在《曼陀罗》里叫道：“地狱里不尽是大好人？你为什么要羞于去那里？”

然而，这只是临终前的逞能，马基雅维利还是和常人一样做了些准备，以求灵魂得救。一个神父马泰奥修士聆听了他的临终忏悔并主持了最后的仪式。据他 13 岁的儿子皮耶罗说，马泰奥修士陪伴马基雅维利走到了最后。最后一刻很快到来，就在 6 月 21 日夏至那天。唯愿马基雅维利穿上他的朝服，步入古人庄严的宫廷。

结　语

《用兵之道》是马基雅维利唯一一部于生前出版的著作。虽然《君主论》曾以手稿的形式流传，但要到马基雅维利去世四年多以后才得以出版。1531 年的夏天，教皇克莱门特七世批准安东尼奥·布拉多——十六世纪罗马最大的出版商——出版《君主论》，一起出版的还有《李维史论》和《佛罗伦萨史》。1532 年 1 月初，布拉多版问世，此时克莱门特又批准佛罗伦萨出版社的琼蒂筹备出版他们自己的版本，1532 年 5 月佛罗伦萨版问世。至此，以前只有极少数人才能获得的作品，有了更为广泛的读者。

在马基雅维利生前，《君主论》就已经让他恶名昭彰。在马基雅维利去世前后，一位评论者评论道："因为《君主论》，每个人都憎恨他"；"好人认为他罪孽深重，坏人认为他更邪恶，或者比他们更有能耐，所以每个人都恨他"。[1]这毫无疑问是言过其实了：马基雅维利更为人熟知的角色是家喻户晓的剧作家和富有争议的国家公务员，而不是治国术小册子的作者。不过，在随后的几十年里，仇恨确实开始滋长。在《君主论》出版二十五年后，教皇保罗四世把它列入教会禁书名录中最恶劣的一类。到了十六世纪末，在某些人看来，马基雅维利俨然已经成为颇具传奇色彩的邪恶化身，他的名字就是虚伪和无神论的代名词。伊丽莎白时代的剧作家，如克里斯托弗·马洛和威廉·莎士比亚都用他的名字塑造出狠毒的舞台恶棍形象。马洛的《马耳他岛的犹太人》于1591年首演，一个名叫“马基唯利”（Machevill）的角色作开场白。这个角色说他正在呈现给大家的是一个名叫巴拉巴斯的犹太人的悲剧，他由于遵循了马基雅维利的教诲而变得富有。观众接下来便会看到一个野心勃勃、贪得无厌、背信弃义和滥杀无辜的病态的巴拉巴斯，他最终死在一口沸腾的油锅中。

直到1640年，《君主论》才被翻译成英文，所以马洛和莎士比亚似乎是从西蒙·帕特里克1577年翻译的《反马基雅维利》中形成了他们头脑中马基雅维利的邪恶形象。这本书的作者是法国新教徒因诺森特·让蒂耶。让蒂耶注意到，《君主论》的呈送对象正是法国王后凯瑟琳·德·美第奇的父亲，于是他将1572年8月的圣巴托罗缪节大屠杀归咎于马基雅维利的学说，当时有数千名法国新教徒被天主教的暴徒杀害。圣巴托罗缪节大屠杀既不是第一笔，也不会是最后一笔算到马基雅维利头上的账。早在1539年，一位英国的枢机主教雷金纳德·波莱就责难马基雅维利是“人类之敌”，并且认为亨利八世解散修道院是他一直秘密研读马基雅维利的结果。后来，据称《君主论》的土耳其语译本造成了苏丹们残害手足的程度比以往更甚。

无论凯瑟琳·德·美第奇、亨利八世和土耳其的苏丹们是否真正从《君主论》中汲取过灵感，没有哪个作者像马基雅维利这样严重地遭到株连。1516年，洛伦佐·迪·皮耶罗·德·美第奇可能会对此书不屑一顾。但自此之后，很少有独裁者或暴君会忽略《君主论》的教诲：奥利弗·克伦威尔拥有一个手抄本；在滑铁卢之战中陪伴着拿破仑·波拿巴的那本已经翻烂了；阿道夫·希特勒则承认他会在床头放上一本。这也难怪亨利·基辛格在 1972 年接受《新共和》采访时，要急切地否认马基雅维利学说对他有什么影响。有的人则没那么避讳。黑手党大佬卡洛·甘比诺和约翰·戈蒂同时声称自己是马基雅维利的学生，已故的共和党顾问李·阿特沃特——此人因二十世纪八十年代的肮脏竞选手段而臭名昭著——声称自己把《君主论》读过二十三遍。已故的美国说唱歌手图帕克·沙库尔曾想要个吓人一些的新绰号，自称“马卡威力”（Makaveli），希望以此纪念自己曾在 1995 年十一个月的服刑期间研习过马基雅维利的作品。

在大众印象中，马基雅维利的名字肯定成了背叛和虚伪的代名词。《牛津英语词典》把“马基雅维利主义者”定义为“密谋者，不择手段的阴谋家”。心理学家甚至用这个词来形容傲慢、狡猾、愤世嫉俗和操纵他人的人格类型。[‖] 然而，也不是每个人都同意这些贬损之辞真的代表了马基雅维利的思想。早在十七世纪四十年代，法国作家路易·马雄就写了《为马基雅维利辩护》，声称《君主论》的作者是一个真正的被人误解的基督教卫道士。朱塞佩·普雷佐里尼在 1954 年出版的书，讽刺性地命名为《反对基督的马基雅维利》，认为宗教和政治的偏见加上全然的无知，促使马基雅维利成为历史上最遭公然误解的思想家；五十年过去了，马基雅维利就像迈克尔·怀特一本书的副标题，仍旧是“一个被误解的人”。

事实上，马基雅维利曾长期享有盛誉，完全不同于那种阴险狡诈、善于摆布别人思维的舞台恶棍形象。就在马洛和莎士比亚大受欢迎的前夜，在 1585 年，他受到了意大利法学家阿尔贝里

科 · 真蒂利（他后来成为牛津大学的钦定民法教授）的赞誉，真蒂利认为马基雅维利是一个审慎和明智的人，他捍卫民主、蔑视暴政。在德尼 · 狄德罗和让 - 雅克 · 卢梭（他们俩都相信《君主论》乃是反讽之作）看来，[Ⅲ] 马基雅维利是共和主义与自由的倡导者，而贝内德托 · 克罗齐和列奥 · 施特劳斯则把他称为新政治"科学"的创建者。在意大利复兴运动期间，马基雅维利被誉为爱国者和意大利统一的倡导者，较为晚近的历史学家和政治学家如加勒特 · 马丁利、埃里克 · 沃格林和毛里奇奥 · 维罗利都持这种观点（并使其更为精致）。其他政治学家将他视为近代西方思想的奠基者之一，其遗产不是暴力和背叛，而是古典共和主义、政治自由与公民美德的理论，他和很多思想家一起影响了美国宪法的制定者。[Ⅳ]

马基雅维利无疑是一位复杂的思想家，他的著作表明关于他的俗见是不正确的，他并不是在传播用邪恶手段达到目的的简单学说。然而，他思想的错综复杂催生出的解读作品多到让人不知所措。以赛亚 · 伯林 1971 年发表在《纽约书评》的一篇文章[①]，详述了二十种大相径庭的对《君主论》的解读方法，从伯特兰 · 罗素将它说成一本"恶棍手册"，到一个布尔什维克作者称赞这本著作辩证地把握了权力的实质，堪称马克思和列宁的先驱。"还有哪位思想家，"伯林问，"会使他的读者们就其目的产生如此深入和广泛的分歧？"1971 年以后诠释还在增加，其中包括一种引人入胜的女权主义解读，把这部作品看成一出"家庭剧"，焦虑地用象征男性的事业诸如法律和政治去对抗代表着

① 原名题为：*A Special Supplement: The Question of Machiavelli*。

无知和易怒的女性形象的命运女神。[V]

因此，马基雅维利并没有彻底地被妖魔化或遭受不公的误解——至少在具有洞察力的读者那里是如此——他不是一个对邪恶直言不讳的鼓吹者；相反，各种政治立场的支持者们急切地想打着他的旗号开展自己的事业。启蒙思想家如狄德罗和卢梭把马基雅维利看成政治自由的代言人；十九世纪意大利的爱国主义者认为马基雅维利是主张意大利统一的热情洋溢的倡导者；布尔什维克党人称赞他是马克思列宁主义的先驱；二十世纪晚期一个女权主义学者发现马基雅维利的作品焦虑于女性对男性权力的威胁——种种诠释表明，马基雅维利的思想具有不可思议的可塑性，可以生出五花八门的、截然相反的多种意识形态与解决方案。这些解读的多样性和复杂性证明了马基雅维利著作内涵的多样性和复杂性。

这些诠释的多样性也证明马基雅维利本身存在很多矛盾。他的著作充满着矛盾，即使是最聪慧的政治科学家也仍然在努力调和。马基雅维利真的是一个铁腕式专制主义理论家吗？或者他真的是一个赞扬自由和大众政府的共和主义爱国者？《君主论》的很多论述与《李维史论》无疑抵牾不通——此外，这些著作的内部也是充满着矛盾。

理解某些模棱两可的关键在于马基雅维利这个人的本性。马基雅维利从事的多项职业——外交官、剧作家、诗人、历史学家、政治理论家、庄园主、军事工程师、国民军指挥官——使他像他的朋友莱昂纳多一样，成为一个真正的文艺复兴时期的人。而且，正如莱昂纳多一面谴责战争“野兽般的疯狂”，又一面设计精致和致命的武器，马基雅维利自己也满是矛盾和不一致。他是一个非常现代的思想家，为政治科学铺平了道路，但同时他也很乐意相信占星师和算命先生。他是自由的爱好者，但同时他相信我们的行动自由受到必然性规律的严格限制。他写论著建议领袖应该如何统治，但同时他断定他们永远且不可避免地要按照他们自己难以压制的本性行事。他是共和主义的捍卫者，但同时他又为摧毁佛罗伦萨共和国、镇压其自由的家族效力。他赞赏虚伪（甚至写了一首赞美欺骗的诗），但他自己却实在无法奉承或欺诈别人。

大概他最大的矛盾是，他比十六世纪的任何人都了解如何获得和保持政治权力，然而，到1512年他自己却被剥夺了权力。在野多年的他为恢复自己的地位，做了一连串笨拙的和徒劳的努力。这个宣扬命运女神可以被打败、驯服的观念的人，却可悲地诠释了什么是他所谓的命运女神“巨大而不断的恶意”。

与命运的争斗是马基雅维利的生活和著作中的永恒话题。“我的苦命让我痛苦，”克莱安德罗在《克莉齐娅》中悲叹道，“我生下来就没有好过”。这些话或许堪为马基雅维利的墓志铭。事实上，他墓碑文字的内容与此完全不同。1527年6月22日，马基雅维利葬入佛罗伦萨的圣十字教堂，就在他父亲的旁边。两百多年后的1787年，因诺琴佐·斯皮纳兹为他在南侧的走道上雕刻了一个宏伟的新墓。几步之外就是米开朗基罗、伽利略和莱昂纳多·布鲁尼的墓穴，大理石碑上雕刻着一个外交官的形象，下方铭刻着“这位伟人的名字使任何墓志铭都显得多余”（TANTONOMINI NVLLVM PAR ELOGIVM）。毕竟，命运女神在他死后待他不薄。

致　谢

谨向威廉·库克教授、马克·阿斯奎斯博士、拉里·戈德斯通、南希·戈德斯通和我的助手克里斯托弗·辛克莱尔-史蒂文森致以我的谢意，他们都为文本的初稿给出了评论和建议。劳罗·马丁内斯友善地回答了我的若干询问，加里·柯蒂斯则指出了我逻辑方面的错误。我还要感谢詹姆斯·阿特拉斯、杰西卡·费瑞德和珍妮特·敏·李，他们也为我付出了很多。最重要的是，我必须感谢我的妻子梅拉妮，她欢快地驳斥了马基雅维利的婚姻观。

引文注释

第一章

Ⅰ Francesco Guicciardini, *The History of Italy*, trans. Sidney Alexander（New York: Macmillan, 1969），p. 127。关于“吉罗拉摩修士毛虫”，参见 Luca Landucci, *A Florentine Diary from 1450 to 1516*, ed. Iodoco del Badia, trans. Alice de Rosen Jervis（London: J.M. Dent & Sons, 1927），pp. 144-145。

Ⅱ James B. Atkinson and David Sices, eds., *Machiavelli and His Friends: Their Personal Correspondence*（DeKalb, Illinois: Northern Illinois University Press, 1996），p. 222。所有其他马基雅维利私人信件的引文均来自这个版本。

Ⅲ Catherine Atkinson, *Debts, Dowries, Donkeys: The Diary of Niccolò Machiavelli's Father, Messer Bernardo, in Quattrocento Florence*（Frankfurt: Peter Lang, 2002），p. 154。

Ⅳ 关于卢克莱修的手稿，参见 Sergio Bertelli, “Noterelle Machiavelliane: Un Codice di Lucrezio e Terenzio,” *Rivista Storica Italiana* 73, 1961, pp. 544–553。

Ⅴ 没有确凿的证据表明马基雅维利反对萨佛纳罗拉，不过，他的朋友们承认这是人人皆知的事情。关于这些问题，参见 Nicolai Rubinstein, “The Beginnings of Niccolò Machiavelli's Career in the Florentine Chancellery,” *Italian Studies* 11, 1956, pp. 72–91; 以及 Nicolai Rubinstein, “Machiavelli and the World of Florentine Politics,” in *Studies on Machiavelli*, ed. Myron P. Gilmore（Sansoni: Florence, 1972），p. 6。

Ⅳ Nicolai Rubinstein, *The Palazzo Vecchio, 1298-1532: Government, Architecture and Imagery in the Civic Palace of the Florentine Republic*（Oxford: Clarendon Press, 1995），p. 50。这幅命运之轮的画早已被毁。

第三章

Ⅰ 最近凯瑟琳·阿特金森动摇了这个传奇故事的真实性，她认为这段故事实际上发生得更往后，是在 1584 年，牵涉的是另外一个贝尔纳多·马基雅维利，也就是尼可罗的儿子，传记作者们把他当成他的祖父了。参见 Catherine Atkinson, *Debts, Dowries, Donkeys*, pp. 135–136。

Ⅱ *Legazioni e commissarie*, 3 vols.,ed. Sergio Bertelli（Milan: Feltrinelli, 1964）, vol. 1, p. 70。其他所有马基雅维利外交信函的引文都来自这个版本。

Ⅲ 转引自 Felix Gilbert, *Machiavelli and Guicciardini: Politics and History in Sixteenth-Century Florence*（Princeton: Princeton University Press, 1965）, p. 33。应该注意的是，该政治体系最终为佛罗伦萨服务了 200 多年，这说明它确实实现了一种合理且稳定的政府形式。执政们由其他委员会协助，因为交错选举，这些委员会的成员任期较长且能够涵盖执政们的任期。莱昂纳多·布鲁尼（Leonardo Bruni）在 1403 年左右完成的《佛罗伦萨城颂》（*Laudatio Florentinae Urbis*）中高度评价了这种政府的“勤勉”和“能干”。

第四章

Ⅰ 参见 Inferno, xxvii, lines37–38, Here and elsewhere in the text I use the edition of The Divine Comedy translated by C. H. Sisson (Oxford: Oxford University Press,1993).

第六章

Ⅰ 参见 *Il Convivio*（*The Banquet*）, trans. Richard Lansing（New York: Garland Publishing, 1990）, 第四卷第 11 章。

Ⅱ 参见 *Inferno* , trans. C. H. Sisson, xxvii, line76.

第九章

Ⅰ 参见马基雅维利在《李维史论》(*Discourses*)第一卷第 27 章的评论。

Ⅱ 参见 Pico della Mirandola, *Oration on the Dignity of Man*, trans. A. Robert Caponigri（Washington, D.C.: Regnery Publishing, 1956）, p. 8。

第十章

Ⅰ 参见马基雅维利在《李维史论》（*Discourses*）的第一卷第56章中的评论。

第十一章

Ⅰ 引自 Ludwig Pastor, History of the Popes，40 vols.（London: Kegan Paul, 1891–1953），vol. 6, p. 308。

Ⅱ 参见 Michael Rocke, *Forbidden Friendships: Homosexuality and Male Culture in Renaissance Florence*（Oxford: Oxford University Press, 1996）。

第十二章

Ⅰ 引自 Landucci, *A Florentine Diary*, p. 243。

第十四章

Ⅰ 关于马基雅维利是如何招人忌恨、在佛罗伦萨四处树敌以及或因此下台，参见 John M. Najemy, *Machiavelli and Republicanism*, ed. Gisela Bock, Quentin Skinner, and Maurizio Viroli（Cambridge: Cambridge University Press, 1990），pp. 101–117 "The Controversy Surrounding Machiavelli' s Service to the Republic"。

Ⅱ 尼可罗・马基雅维利是被关在"斯廷凯监狱"还是如大部分传记作者所言的"警署监狱"尚有疑问，但是一份现代的报告却明确说马基雅维利被"禁锢在斯廷凯"。参见巴尔托洛梅奥・切雷塔尼的评论。此评论转引自 Oreste Tommasini, *La vita e gli scritti di Niccolò Machiavelli nella loro relazione col machiavellismo*, 2 vols.（Rome: Loescher, 1883–1911），vol. 2, p. 468。"警署监狱"（在1513年被称为"德尔波德斯塔宫"）直到1574年之后才被用作监狱，那时的行政长官办公室被美第奇废掉，建筑被送给警察局局长。这里当然也是某些犯人比如萨佛纳罗拉遭受酷刑的地方，但萨佛纳罗拉并不是被关在警署监狱而是（像他之前的科西莫・德・美第奇那样）被关在市政广场塔楼里的"小旅店"。

Ⅲ 引自 H.C. Butters 及 J.N. Stephens, "New Light on Machiavelli," *English*

Historical Review, vol. 97, 1982, p. 59。

Ⅳ 诗歌由塞西尔·格雷森译为英文，收入 Roberto Ridolfi, *The Life of Niccolò Machiavelli*（Chicago: University of Chicago Press, 1963, p. 137），另有 Allan Gilbert 的译文在 *Machiavelli: The Chief Works and Others*（Durham, NC: Duke University Press, 1965, vol. 2, p. 1013）。我的引文来自格雷森的译文。

Ⅴ 转引自 Pasquale Villari 的 *The Life and Times of Girolamo Savonarola*, trans. Linda Villari（London, 1888）, p. 308。关于对萨佛纳罗拉的严刑拷打，参见 pp. 299–302。

Ⅵ 本诗全译参见 Gilbert, *Machiavelli: The Chief Works and Others*, vol. 2, p. 880。

第十五章

Ⅰ 这封著名信件的完整译文可以在 *Machiacelli and his friends* 中找到（Atkinson and Sices, eds., pp. 262–265）。

Ⅱ *The Prince*, trans. George Bull, London: Penguin 1999, p. 21。所有其他《君主论》的引文均来自这个版本。

Ⅲ 引自 *The Decameron*, trans. G.H. McWilliam（London: Penguin, 1972）, p. 83。

第十六章

Ⅰ *Machiavelli: The Chief Works and Others*, trans. Gilbert, vol. 2, p. 199。所有其他《李维史论》的引文均来自这个版本。

第十七章

Ⅰ *Orlando Furioso*, trans. Guido Waldman（Oxford: Oxford University Press, 1983）, Canto xxxiii, line 2; Canto xxxvii, line 8。

Ⅱ *The Comedies of Machiavelli*, ed. and trans. David Sices and James B. Atkinson（Hanover, N.H.: Uiversity Press of New England, 1985）, p. 159。马基雅维利戏剧的引文皆出于此版本。

Ⅲ 见 *Life of Castruccio Castracani*, trans. Andrew Brown（London: Hesperus Press, 2003）, p. 3。

第十八章

Ⅰ “Ricordi,” in Francesco Guicciardini, *Opere*, ed. Vittorio Caprariis（Milan and Naples: Riccardo Riccardi Editore, 1953）, p. 120。

Ⅱ 见 Ridolfi, *The Life of Niccolò Machiavelli*, p. 291。

第十九章

Ⅰ Giorgio Vasari, “Life of Giovan Francesco Rustico,” in *The Lives of the Painters, Sculptors and Architects*, 4 vols., ed. William Gaunt（London: Dent, 1963）, vol. 3, p. 33。

第二十章

Ⅰ Johann Georg Walch, ed., *Dr. Martin Luther's Saemmtliche Schriften*, 24 vols.（St. Louis: Concordia Publishing House, n.d.）, vol. 18, p. 245。

结语

Ⅰ 这位评论者是焦万・巴蒂斯塔・布西尼（Giovan Battista Busini），转引自 Ridolfi, *The Life of Niccolò Machiavelli*, p. 248。Ridolfi 谨慎地指出布西尼是“一位怀有恶意和敌意的评论者”。

Ⅱ Richard Christie, *Studies in Machiavellianism*（St. Louis: Academic Press, 1970）。

Ⅲ《君主论》（*Prince*）同样被加勒特・马丁利看作是一部讽刺作品，Garrett Mattingly, “Machiavelli's *Prince*: Political Science or Political Satire?” *The American Scholar* 27, 1958, pp. 482–491。作为对启蒙运动期间马基雅维利复兴的一个很好讨论，可参见 Viroli, *Machiavelli*（Oxford: Oxford University Press, p. 115）。

Ⅳ Mattingly, “Machiavelli's *Prince*”; Vögelin, *History of Political Ideas: Renaissance and Reformation*, eds. David Morse and William Thompson（Columbia, Missouri: University of Missouri Press, 1998）; Viroli, *Machiavelli*; J. G. A. Pocock, *The Machiavellian Moment: Florentine Political Thought and the Atlantic Republican Tradition*（Princeton: Princeton University Press, 1975）; and Quentin

Skinner, *The Foundations of Modern Political Thought*, vol. 1: *The Renaissance* (Cambridge: Cambridge University Press, 1978)。

V 参见 Hanna Fenichel Pitkin, *Fortune Is a Woman: Gender and Politics in the Thought of Niccolò Machiavelli* (Berkeley: University of California Press, 1984)。

主要参考文献

The Comedies of Machiavelli, ed. and trans. James B. Atkinson and David Sices（Hanover, N.H.: University Press of New England, 1985）.

Machiavelli and His Friends: Their Personal Correspondence, ed. and trans. James B. Atkinson and David Sices（DeKalb, Ill.: Northern Illinois University Press, 1996）.

Machiavelli: The Chief Works and Others, 3 vols., trans. Allan Gilbert（Durham, N.C.: Duke University Press, 1965）.

Machiavelli, Niccolò, *Legazioni e commissarie*, 3 vols., ed. Sergio Bertelli（ Milan: Feltrinelli, 1964）.

Machiavelli, Niccolò, *The Prince*, trans. George Bull（London: Penguin, 1999）.

Ridolfi, Roberto, *The Life of Niccolò Machiavelli*, trans. Cecil Grayson（Chicago: University of Chicago Press, 1963）.

Villari, Pasquale, *Niccolò Machiavelli e i suoi tempi illustrati con nuovi documenti*, 3 vols.（Florence: Le Monnier, 1877–1882）.